守住一个民族的记忆，尤其是关于重大苦难的记忆，永远是一个伟大民族自我拯救的前提。

——抗战史专家王康

重庆，第二次世界大战中遭受日机轰炸次数最多、持续时间最长、损失最惨重的中国战时首都。

从 1938 年 2 月 18 日至 1943 年 8 月 23 日，日本对战时中国陪都重庆进行了长达五年半的战略轰炸。据不完全统计，在五年间，日本共对重庆进行轰炸 218 次，出动飞机 9 513 架次，投弹 21 593 枚。炸死 11 889 人，炸伤14 100人，炸毁房屋 17 608 幢。

遭轰炸后的重庆城区

血火与堡垒

重庆大轰炸采访录

谭松 著

暨南大学出版社
JINAN UNIVERSITY PRESS

中国·广州

图书在版编目（CIP）数据

血火与堡垒：重庆大轰炸采访录/谭松著．—广州：暨南大学出版社，2015.8
ISBN 978－7－5668－1582－8

Ⅰ.①血…　Ⅱ.①谭…　Ⅲ.①日本—侵华—史料—重庆市—1938～1943
Ⅳ.①K265.606

中国版本图书馆CIP数据核字(2015)第175451号

出版发行：暨南大学出版社

出 版 人：徐义雄
责任编辑：黄圣英　牛　攀　冯　琳　吴筱颖
责任校对：刘舜怡　姚荇姝

地　址：中国广州暨南大学
电　话：总编室（8620）85221601
　　　　营销部（8620）85225284　85228291　85228292（邮购）
传　真：（8620）85221583（办公室）　85223774（营销部）
邮　编：510630
网　址：http：//www.jnupress.com　http：//press.jnu.edu.cn

排　版：广州市天河星辰文化发展部照排中心
印　刷：深圳市新联美术印刷有限公司

开　本：787mm×1092mm　1/16
印　张：12.75
字　数：244千
版　次：2015年8月第1版
印　次：2015年8月第1次

定　价：39.80元

前　言

我出生在当年布满了累累弹坑的重庆城区，就读于当年埋葬了英烈忠骨的南岸南山。然而，直到2000年，年逾不惑的我仍对陪都重庆的那段历史一无所知。

江山色变，岁月冲洗，弹坑血骨早已不见踪影，坟碑陵园片石不存。陪都八年铁血烈火的悲歌曲断音消，民族万众精气神魂的壮丽消失殆尽。

2000年，为纪念抗战胜利55周年，我所在的《重庆与世界》杂志社准备出一期专刊，为此，我开始收集相关资料。

这是我第一次进入这一个被遗忘的领域，这是我第一次触摸这一段被尘封的历史。一拂开那层障眼的封尘，立马看见一道悲壮的闪耀。

血火、呼啸、烈焰、呐喊、惨烈、奋勇、尸横遍野、慷慨悲歌……

原来，就在我生长的这块土地上，有一段中华民族生死存亡的壮烈豪迈！

2000年8月，专刊出版，引起强烈反响。一位87岁的黄埔军人、重庆市政府参事室的卢继东老先生，冒着山城酷暑，专程找到编辑部，紧紧拥抱我三分钟。

我于是深深感到，这是一段刻骨铭心的、永远不会被抹杀的历史记忆。

紧接着，2001年，中央电视台准备来渝拍摄关于重庆大轰炸的纪录片。这是几十年来的第一次。

纪录片由著名学者、抗战史专家王康先生策划并执写剧本，我则负责搜寻和采访重庆大轰炸的受难者及亲历者。经历了前一年的学习和了解，我对这段历史有了一种沉甸甸的责任感。

采访分为两期，第一期是我在2000年的7、8、9三个月进行的，共采访了102位相关老人，并作了文字记录。第二期在2001年的11、12月，是中央电视台来渝后从102位老人中选出约70位进行拍摄采访。本书所记录的文字，来自这两次采访。

要说明的是：第一，由于2002年下半年发生一场意外，我失去了原始记录本和一些采访照片。这导致我不仅损失了部分珍贵文字、照片，而且失去了采访的具体日期。第二，在拍摄采访时，由中央电视台的贾丁和我一起提问，相关的文字则由张逢春和王强根据录音记录，在此特向他们表示衷心的感谢。第三，本书中有几位受访者非我本人采访，还有一位是亲自来摄制组接受采访的，这些我在文末都作了说明。第四，本书中所记录的采访者的年龄大多截至2001年。

从2001年到现在，14年过去了（本书中的受访者大都已不在人世），五集纪录片《重庆大轰炸》也播出了好几次，我从没想过要将当年的采访集结成书，因为我认为这个工作已经结束了。

直到7年前，我重返大学讲台，才惊愕地发现，学生们一如2000年之前的我，对那段历史一无所知（包括重庆本地学生）。甚至，当他们听到6月5日的警报声时，也全然不知那是为什么而鸣。

每年，我都给学生们讲起重庆的苦难和辉煌；每年，我都面对一片空白和茫然。我不由心生感叹：那段历史，曾是我们民族、我们同胞身心血肉的惨痛，但它可能消失在岁月的长河中；那个时代，曾有我们民族、我们同胞精气神魂的壮丽，但它几乎遗失在今人的记忆里。

抗战史专家王康说："守住一个民族的记忆，尤其是关于重大苦难的记忆，永远是一个伟大民族自我拯救的前提。"

但最终刺激我拿起笔来，决定把那些已经残缺的资料整理成书的，是两部反映重庆大轰炸的电视片：一部胡编乱造，一部歪曲历史。比如，前者把抗战时的重庆市民刻画得像街头泼妇，不是争吵打斗就是钩心斗角（还有百磅重的炸弹劈天而降之后挂在树枝上晃荡的"滑稽戏"）；后者把大轰炸下的重庆说成到处偷盗抢劫，军警黑暗、官场贪腐……

我长叹一声：用搞笑的小品演员来演严肃的抗战题材也就罢了，算是为全民娱乐添火供料，但歪曲历史、丑化当年的陪都重庆让人难以接受！

我想，最可怕的也许不是尘封历史，而是打着还原历史的旗帜歪曲历史。

我于是决定，把当年的采访记录整理成书。

15年前，我在编完那期抗战陪都专刊时，写了一篇编后记，最后一句话是：

抗战胜利五十五周年、重庆明定为陪都六十周年的纪念日即将来临，我目光穿越寂静的时空，灵魂长跪在无碑的墓前，江风起处，夜歌低回……

——让我捧一抔您血红的泥土吧，前辈！

谭松于2015年抗战胜利70周年前夕

目　录

第一章 逃亡路上

蒋兆和作：《流民图》（局部），
浓缩了一个民族、一个时代的悲剧

1937 年“淞沪会战”之后，成千上万的人向中国内陆西南（尤其是重庆）迁移。

《流民图》作者蒋兆和写道：

凡大河南北，大湖南北，大江南北，并五岭之间，百越之外，居民之转徙流离，身家荡然，而不知其死所者，动以亿万计。

一名西方记者写道：

中国在移动，这是人类历史上最大的集体移民之一。令人诧异的是，中国任何作家或小说家都没有把这个场面充分地记录下来。大批大批衣衫褴褛的人民，通过公路和山脉向西移动，这景象是游牧时代以后绝无仅有的。

黄成法

武汉市民，流亡重庆难民，77 岁

1938 年，我 14 岁。我们家在武汉，武汉有三市——汉阳、汉口、武昌。我是住在汉阳铁厂的，是铁厂的工人家属。

日本人来轰炸，当时汉阳还没有被炸过，所以拉警报，我觉得很好玩耍，呜呜的是什么东西。

爷爷、婆婆把吃饭的桌子拉过来，上面铺上棉被，让我们躲在桌子底下，我爷爷、婆婆就懂得这个。一会儿就听见飞机的声音，当时不懂得飞机有什么可怕的，可“轰”的一下，把我们吓住了。爷爷、婆婆钻到桌子下面，我母亲也钻到下面。

我们那时住的是木房子，屋子垮了，屋梁倒下来压在桌子上。我爷爷赶快扒开一个洞爬出去。外面不到 100 米处，中了一颗炸弹，有一家姓蔡的全被炸死了。

很快，日寇打来了，要逃难。正好父亲（他是技术员）的厂要拆迁，我们就跟着厂逃难到了重庆。

父亲厂里跟卢作孚的民生公司合作，家属也跟着船往重庆走。爷爷、婆婆不愿意走。他们说，不逃这个难了，反正受苦，还不如死了。但父亲坚持全家一块走。

从宜昌往西，船就难走了，江面窄，又要过滩，你（船）下来，我（船）就要让，你（船）上去，我（船）也要让开。许多货物都堆在宜昌，机器、箱子、木桶……逃难的人也都在那儿等，买不到票，也找不到船。很多难民没有办法，只好步行，翻山越岭走进巴东，走一点儿算一点儿。

我们虽然一直随船走，但一路上也是惊心动魄。我看到船互相撞到了，死了不少人，还有船撞到石头。特别是川江的木船，闯滩时一旦撞到礁石，船就烂了，水上到处漂着人，江面上一片呼救声。我们的船员中有人跳下去，救得几个人，但多数人救不了，那场面很惨。

我们坐的民生公司的船叫“民主号”，船长是个外国人，叫海里斯，他懂得躲飞机。乘客们一听说飞机来了，非常紧张。在船上不像在岸上，可以躲进防空洞，在这里只有看船长怎么开、怎么躲。有一次船靠在岸边，我们刚好走上岸，日本飞机忽然临头，机关枪在上面扫，一颗炸弹在岸边炸开。我把妹妹一下子按在地上，这种姿势是在武汉时学的，中学体育课军训过。

这次轰炸，我们这艘船和乘客都幸免于难，但别的船的乘客被炸死不少。

还有一次是在万县，敌机来了，那个时候还没有拉警报。由于民生公司有分公司在那儿，就提前通知船上，我们便赶快靠岸下船。还好，日本飞机把炸弹丢到后面水里，把一只木船炸翻了。当时的船都是私人的，船一翻，那船老板就被炸到河里死了。

人家说这像打仗一样，虽然我们没有跟日本人直接对拼，但是我们已经像是在打仗了。只是我们是受害者，他们在上面，机关枪扫、炸弹往下丢。

我们在船上一说到日本飞机，个个都很愤怒，特别是像我们这种学生，一看到日本飞机，不是像别人那样唉声叹气，而是唱："大刀向日本人的头上砍去。"

一路的艰难，让我爷爷、婆婆很痛苦，他们埋怨我父亲，不该把他们两个带出来。他们说，上次武汉那颗炸弹，要是丢在他们头上还好些，死了就完了，现在成天担心落到水里淹死。死，还不如死在家乡、死在屋里。

不过，我们终于平安地到了重庆，很是幸运了。

后来我也到民生公司工作，当练习生，并见到了卢作孚。他跟我们说："我这个船队为国家运输，把国家需要的东西运进来。日本人封锁我们，妄想把我们中国灭了，我们必须得努力，我希望我的职工大家一起努力。"

采访时间：前言里已交代，本书中不再提及（下同）

采访地点：重庆市江北区溉澜溪船舶村

蔡迪支作：抗战木刻《桂林紧急疏散》

靳　琪

安徽舒城市民，流亡重庆难民，女，70 岁

我生在南京，父亲在南京中央政治大学工作。父亲随校内迁时，我没走，跟爷爷住在乡下。1937 年我 5 岁，“七七事变”就是我的生日，也是我的逃难之日。7 号那天，舅舅把我们从老家接回来，我就跟着舅舅、外婆等开始逃难。

没有钱，我们只能走路，经常夜里赶路，因为日本飞机常常在头上转，晚上稍好一点儿。我跟着大人走，很累，脚走疼了，还经常摔跤，腿、膝盖都摔破了。舅舅是年轻人，小姨也是年轻人，外婆虽是个老师，却是一双尖尖脚（小脚），走路困难。所以，两个年轻人带一老一小，我就成了他们的包袱。我很害怕舅舅。他经常说我走又走不动，吃又能吃，要把我卖了。我怕得很。

走到一个什么地方，我们住进一个小旅馆，租不起多的，就租了一个床铺，外婆和小姨两个睡，我找老板要了一张长板凳放在床边上，我就睡在长板凳上，稍微一翻身，就掉在地上。蚊子来咬，又没有蚊帐。舅舅就在外面随便靠着休息一下。他跟我讲，明天早上天不亮我们就要启程，他只喊一声，如果我没有起来，他就不要我了。所以我睡觉时胆战心惊，生怕他们走了，不要我了。第二天他真的只喊了一声，我马上就起来了。我的全部东西就是一个洋瓷碗和一顶草帽。洋瓷碗里边有个洞，那就是我的饭碗，连换洗衣服都没有。我背上这两件东西，跟着他们走。我饿得受不了，想吃饭。

一路上成千上万逃难的人。走着走着就拉警报了，我们赶紧找一个比较安全的地方躲起来。躲哪里安全呢？看到有大的商店、大的库房，就躲在房子角落里。外婆坐在地上，我就坐在她的腿中间。外婆口中不断地念：“大慈大悲的菩萨，大慈大悲的菩萨。”

那个时候大家都在打听哪里有火车，哪里有伤兵坐的货车。火车虽然还卖票，但也打听不到车到底什么时候开，能开到什么地方。只要有车就上车，老的、小的都上车，难民都往上面爬，也不出钱，只要爬得上去，都拼命地爬。那个车我觉得高得不得了，可能我人小，爬不上去。每次都是舅舅先把小姨推上去，然后再把外婆拉上去，最后把我抱起来，小姨就在上面拉，这样把我拽上去。我们常常要从这列火车底下爬过去坐那列火车，不知道这列火车会不会突然开，只要一开我们就没命了。有时候我们到处找厕所，小姨是女的，上厕所很不方便。我们被太阳炙烤着，难受极了，简直是热锅上的蚂蚁。这个我印象很深。有些有钱一点儿的人买香蕉、苹果吃，我就跟外婆说我也要吃那个。舅舅把眼睛一鼓，说："你还要吃那个？死到头上还不知死！"他下火车到江边提来一壶水，那是什么水呀？全是污浊的，可能像咖啡那样颜色的水。我就喝那个脏水，居然一路上都没有生病。舅舅买了一些烧饼，背在身上，饿了就吃烧饼。

一路上还有很多流浪的儿童，一个个穿得破破烂烂，像叫花子一样。他们边逃难边乞讨，还一路唱歌，边哭边唱。那歌我还记得几句。那些青年人唱的歌，我也记得，他们穿的是那种中山装，女孩穿的都是裙子，上面是白色短褂学生服，他们边逃难边唱歌："同胞们，向前走，别回头，牺牲已到最后关头，中国的土地一寸也不能失守。"我现在都还记得。

舅舅在途中打了电报给我父亲。他当时在宜昌或是汉口。办事处要接第二批人，他借这个机会出差来找我。不晓得是到了武汉还是宜昌，我们住在一个旅馆里，小姨看我身上衣服脏得不得了，就给我脱下来洗了。我没有衣服穿，她就把一条长裤给我穿上，裤腰一直扎到我的胸上。有个人进来，他看了我一眼，我看了他一眼，他就进到我们屋里去了。我心想，可能是舅舅把我卖了，他来买我。我不敢进去。

他向外婆喊我的小名，问我到哪儿去了。外婆把我喊过来，我靠着外婆，心想这是哪个？肯定是舅舅把我卖了。我不认识我爸爸，我从小就没见过他。外婆说："这是你爸爸，给你买衣服、买鞋。"我当时一直没喊他爸爸，但心里还是很高兴。爸爸带着我坐人力车出去，给我买了一条连衣裙，这个我印象很深，然后把我抱到柜台上，又给我买了一双皮鞋。最后，他把我带到他办公的地方住下来。我很不习惯，非要回到外婆那里去，爸爸没办法，给我拿了一筒饼干，我不吃他的东西，没有打开，其实我还是很想吃的。

李桦作：抗战木刻《逃难》

后来，我就跟爸爸逃到重庆来了，在南温泉小学读书。可是，从那个时候起我就没见过外婆了，我当时想，外婆肯定是被拐走了。同外婆分别时的情形我还记得，那个屋里面有几张床，每张床都有帐子。

采访地点：重庆市一中高教楼

贺嘉寅

武汉市民，流亡重庆难民，91 岁

我生长在武汉，那年我才 27 岁，已经结婚有孩子了。我觉得自己是个热血青年，不愿当日本的亡国奴，所以把房子什么东西都丢了，带着儿女、太太，跟我一个未婚的姐姐一起到重庆去了。

我是坐民生公司的“民远号”轮船去重庆的。在江汉关一上船，我就大哭了一场：在汉口多年，一要离开我最可爱的江汉关，就觉得心里很痛，同时又痛恨日本人，不知道今后的生活会怎样。

那个时候坐船是苦不堪言的，我在底舱坐着，底舱因为负载过重，一会儿水从这边进来，一会儿又从那边进来。

成千上万的难民，有的坐到了船，有的坐不到。坐不到的只好从贵阳绕道到重庆。有好多难民从浙江、上海逃难到武汉，再从武汉逃难到重庆。重庆容纳这些难民，政府还是支持的。有一个大和尚叫太虚，这个人跟蒋介石熟识，就跟蒋介石说拨了几个大庙，容纳这些老百姓。有亲戚可投奔的，就投奔亲戚。

到重庆以后，我姑妈和表弟在轮船上面接我，把我接到南坪，那个时候叫马家店。他们家是一个土房子，我在他们家住了 15 个月。第二天早上，表弟陪我到重庆市区观光。这一次我又哭了一场。汉口都是很宽的马路，重庆最繁华的督邮街（现在的民权路），也只容得下一辆汽车，第二辆汽车就挤不下，只能开到较场口才能转弯。这是第一个不习惯。第二个不习惯的就是，四川怎么人人头上都包个白帕子。后来才知道这是四川巴县的一个习惯，老百姓都爱用白帕子缠头。还有一个不习惯的就是气候，那个时候重庆的气候与现在不同，整天落雾。

我爸爸是清朝最后的秀才，懂医学，我们几兄妹从小就跟着他学医。到重庆以后，我就在南岸租了一间房子看病。可是，我一来人年轻，二来口音不对，所以生意很差。后来，姑妈就叫我去找叔伯哥哥贺国光。

贺国光这时正在重庆行政院一个很有权力的地方，我曾经写过一封信给他，他没回我的信，因此我到重庆后就没去找他。我姑妈去找贺国光，贺国光到马家店来，骂我说："你这个娃娃都不到我这来。"然后他给我一张纸条，上面写了"贺国光"三字，叫我拿纸条去找人。在他的帮助下，我找到了一份工作，从此我就留在了重庆。

采访地点：重庆市江北区
（贺嘉寅先生由王康采访）

背景资料

"这是一支极其悲壮的交响曲"

1938年10月下旬，从沿海沦陷区先期撤离武汉的30万吨物资、上万名工程技术人员、大批机关人员和数十万难民紧急撤至鄂西入川门户——宜昌。这时，长江水位日渐枯落，巨轮入川受阻，宜昌两岸物资、器材堆积如山，难民涌动如潮。

国民政府紧急成立"军事委员会水陆运输管理委员会"，任命重庆著名实业家卢作孚为主任委员，全权处置航运入川事宜。卢作孚临危受命，飞抵宜昌，亲自指挥24条轮船和1 200条木船，在40个日日夜夜中，冒着日机轰炸、扫射，昼夜兼程，途经十余县、险滩百余处、行程数千里，拼死溯江西上，被誉为"中国实业界的敦刻尔克"！

40天的抢运中，民生公司16艘轮船被日机炸沉，116名船员为国捐躯。

民生公司从1937年11月运送林森等政府要员起，先后将611 000名难民、10 000名伤兵、6 000名纱厂女工、5 000名难童和196 000吨军事物资送往大后方；又将200万川军、30万吨弹药和大量军粮、食盐运往前方。

逃难

陈代六

上海市民，流亡重庆难民，87 岁

1935 年，我父亲在上海经营百货，他是采购经理。我们家因为做生意赚了点儿钱，到重庆后就修了点儿房子，搞搪瓷工业。后来，日本飞机一颗炸弹下来，我家的搪瓷厂完了。可是父亲有韧性，他艰苦创业，东山再起，在江北上横街办起了天府搪瓷厂，并一直经营到 1949 年之后。后来，我家的天府搪瓷厂成了国家的，就是现在重庆搪瓷厂的前身。

1932 年，我从川东师范毕业，进入民生公司。进去前要考国文，还要考英语、数学、常识。复试就是口试、面试，加上检查身体，过了这两关才录取。

民生公司很重视员工的体育锻炼，我特别喜欢打球，乒乓球、篮球、足球都喜欢。我们组织篮球队，后来又组织了乒乓球队。组织这些队需要钱，没想到我一开口，卢作孚就批准了。之后我们又搞游泳，搞自行车。特别是游泳，卢作孚专门为我们订了两艘小木船，一条取名“突飞”，另一条取名“猛进”。在我们游泳的时候有人专门保护。

后来我们理解到，卢作孚搞职工福利、搞职工活动，一是团结职工，二是教育职工，三是帮助职工。卢作孚告诉我们，民生公司的宗旨是实业救国。那时，民生公司的宗旨上已经提到了“服务社会，便利人群”。你工作干得好，就是服务社会。

抗战初期，从上海、武汉等地搬迁来的物资堆积在宜昌。宜昌以下江面宽，都是大船，宜昌往上，进入三峡，江窄水急暗礁多，抢运很困难。一时间，宜昌码头的货物、器材、机器等堆积如山。

这个抢运任务，落到了卢作孚和民生公司头上。那一段时间，我们民生公司宜昌分公司的门都被挤爆了，你也要抢先，我也要抢先。但民生公司把这个极其艰巨的任务完成了，这是卢作孚先生的丰功伟绩。我也曾亲身参与，感到非常荣幸。

宜昌到重庆，长江的宽窄不同，水流也不同，船就要根据这三段江水的情况来配备。我们分三段抢运：第一段从宜昌到三斗坪，这一段可以用大一点儿的船；第二段从三斗坪到万县，这一段要用小一些的船；第三段从万县到重庆，这一段可能要用再小一点儿的船运。也就是说，宜昌出来一条船，可能从三斗坪到万县就是两条船，到了万县，可能要用三条船来装。

抢运中，最危险的是遇到日本飞机来轰炸。河里的船躲飞机很困难，所以我们被炸沉了不少船。当时，一会儿听说这艘船被炸了，一会儿又听说那艘船被炸了，全船牺牲。可是，牺牲再大，也得抢运。民生公司在抢运中一共被炸沉了16艘船，牺牲了11名员工。每当想起他们，我都很难过，牺牲的人中，还有我的同事和朋友。但是，卢作孚先生和民生公司完成了这个被称为“中国的敦刻尔克大撤退”的艰巨任务。抗战胜利之后，卢作孚先生得到了国家勋章，民生公司也受到了嘉奖。这些荣誉能告慰我们那些牺牲的同仁们吧！

采访地点：重庆市渝中区大田湾体育场大同村

采访后记

年近九旬的陈老先生耳聪目明、声音洪亮，又兼面色红润、胡须飘逸，因此很适合录像上镜。前两年，果真有一部电影让他在里面扮演了一个角色，他很自豪地把他的剧照贴在自家简陋客厅的墙上。

然而，给我印象最深的是他在言谈中对民生公司的那份感情和对卢作孚先生的那份崇敬。“当年民生公司的员工，非常团结，也非常敬业。”老人说，“卢作孚个子不高，外表很平常，但他说起话来，从不绕弯子，既一针见血，又很有亲和力”。

杨纳维作：抗战木刻《紧急撤退》

杜仁杰

曾为民生公司职工，85 岁

我和我弟弟杜仁伟都是民生公司的职员。

我一到民生公司就学轮船驾驶，从理论到实践。川江江面窄、浅滩多，操作起来比长江下游难多了，要时刻根据水文、河床结构、水的流速来把握舵的运转。

宜昌到上海一段，轮船的吨位大一些；宜昌往上，险滩太多，上行的船要小一些，运力就不行，所以积留在宜昌的人和货越来越多。由宜昌往上运的时候，就分船往上装。不管是逃难的难民，还是内迁的客商，到宜昌一艘船的东西，需要装好几艘船才能运上来。

很多难民，有的一家老小挤在一起，从上海那一带过来，漫山遍野都是人，那个状况很悲惨。去重庆，只能分段走，一段一段地走。要是进入川江，那就更难了。

卢作孚先生亲自到宜昌坐镇指挥，要抢时间，从宜昌赶运到三斗坪。从三斗坪再往上运的话，时间就长了，要分成一段一段运。由三斗坪转到万县，再由万县转到重庆。这么几段几段地转，花了一两个月的时间才把大量的物资和难民陆陆续续转运进来。

卢作孚先生事事亲自带头，不分白天晚上，哪个地方有困难，他就去哪儿。他对名利看得很淡，对工作的责任心极强，是一个受人尊重和值得称赞的人。

日本飞机追着船炸，我们行船，既要看下面，以躲避礁石；又要看天上，以躲飞机。船没有防卫能力，只要一发现天上有敌机，马上就得采取措施，靠在山边的地方停下来。河本来就窄，有明礁又有暗礁，还有河床的槽口，常常顾了上面，下面又“咚”的一声触礁了。

三斗坪那儿有一个叫鬼门关的地方。那一次我们正顾着看天上，下边“咚”的一声，船都跳了起来，撞了好大一个洞！船长叫：“哎呀，完了！”大叫满舵，往岸边冲，同时又叫放舢板。仅仅三分钟，船就沉下去了！你想那时紧张到什么程度。沉的船是民生公司买的刘湘的船。买过来是做大拖轮的，可以拖好多吨东西。我当时在掌舵，看到船沉了，心都碎了。

民生公司仅在1938年的宜昌抢运中，就有16艘船被炸沉，116名船员被炸死。

采访地点：重庆市江北区商场交电寝室

采访后记

80多岁的杜仁杰先生同民生公司的另一位职员陈代六先生一样，虽已是耄耋之年，但身体硬朗，精神抖擞，口齿也非常清楚。他们说，这得益于当年民生公司对员工体育锻炼的重视和教育。

还有，当提到民生公司创始人卢作孚先生时，杜仁杰老人竟然一下子从椅子上站起来，那恭敬的神态、满面的崇敬让我十分惊讶。

前些天采访陈代六先生时，陈老先生也是如此。

是什么让民生公司和卢作孚在60多年后，仍然让人如此敬爱？

江碧波作：《卢作孚》（图片来自巨幅画卷《浩气长流》局部）

潘世豪

武汉市民，流亡重庆难民，88 岁

妻子去世后，我没再娶。多年来，我默默地收集很多资料，就是要留给子孙，让他们不要忘记那苦难的一幕。你看，我把我父亲去世前在万县乡下写的一首诗抄写出来挂在墙上，就是要让我的家人经常看。

我在汉口出生、读书、工作、结婚，逃亡前，我在燕山亚细亚火药公司工作，待遇比较好，生活平和安稳。

淞沪会战，我们打输了，政府迁到重庆。1938 年 9 月，我父母、两个妹妹匆匆逃离汉口。逃亡前，父亲把所有值钱的东西，包括名人字画，都存放在英国怡和公司，怡和公司开了字据，当然后来这些字据等于废纸了。现在这些字据存放在博物馆。

父母逃到宜昌，又逃到万县。那时我还在宜昌，先在英国商船当理货主任，后又到英商太古轮船公司。当时规定每趟船要装 30 名难童，不收钱。宋美龄在汉口成立了战时儿童保育会，保育会到各个乡村去接收难童，一共有两三万名。难童从各个站送往重庆。

宜昌是个转运站，聚集了很多难民，还有大量物资。所有从工厂迁来的东西，都在坝子上放着。好多工厂，有汉口的工厂、铁工厂，有南京的，还有上海的。宜昌转运工作非常困难。

当时有很多轮船公司，英商太古轮船公司是英国的，怡和公司也是英国的，浙江公司是美国的，二清公司是日本的，只有招商局和民生公司的船是中国船。民生公司的船很多，在重庆唐家沱还有一个民生机器厂专门造船修船。民生公司的总经理卢作孚，是个实业家，任政府交通部常务次长、全国粮食管理局局长，当时很多战略物资都是用他的船运的。

1940 年 5 月端午节的时候，我正在躲警报，一个军队的朋友来告诉我，敌人已经到了当阳，快到宜昌了，叫我赶快走。我慌了，赶快去买船票。我想买两张票，和妻子一块走，结果只有一张票，还是亏得海关有一个筏子送人，这才把我的妻子也带上。

我送她上船，在江边分别，不知道还能不能再见面。我担心她路上遭炸，她担心日本人来了我遭殃。那个时候，确实是生离死别呀！

第二天，飞机就来轰炸，火光一片，确实可怕。

父母、妻子他们到万县后，已经一无所有。日本飞机在万县也炸得凶，万县没有防空洞，我父母、妹妹都只得待在家里。后来，警报解除，才知道三马路被炸了。妻子写信给我说惨得很，血肉横飞，到处残垣断壁。他们只好到距离万县市区 20 里的葵花寨租了间房子安身。

潘世豪妻子

潘世豪与妻子的合影

但妻子坚决不到葵花寨躲飞机，非要在万县市区等我的消息。她天天抱着小孩，在码头上一艘船一艘船地盼我。

后来，我设法爬上了最后一艘船，从宜昌到了万县。在万县，我们夫妻团聚了，但没有生活来源，一家人要吃饭，日子艰难。我只好一个人跑到重庆谋生。托朋友联系，我当了个公务员。我住在朋友家，重庆的房子是捆绑房子，用竹篾和泥巴做的墙，日本飞机来轰炸，几颗炸弹落在附近，朋友的房子震垮了。不过，我心想，有工作总会有口饭吃的。

我写信给父亲说把妻子接到重庆来。我不知道她何时到。有一天，我正在相国寺码头联系船，突然看到她了！哎呀，巧极了！她带着四五岁的大女儿，抱着几个月的小孩，带着一口箱子，还有厨房里用的一些东西。她雇了一艘船，从郭家沱运到朝天门，又从朝天门转运进嘉陵江再到相国寺。由于路上人多船乱，她与箱子分散了，过了好一阵，又回去找，那口箱子还在那儿，并没人拿走。

那个时候——抗战的时候，人心都很好啊！

父亲在万县忧心一家人的生活，又日夜担忧和惦念远在浙江的老母。他日夜悲愤，终于忧虑成疾，1941 年就去世了，才 51 岁。

我的小女儿生在逃难途中，一出生就流浪，饱一顿、饿一顿，日晒雨淋、担惊受怕，到重庆不久就病死了，死时刚刚 3 岁。

我女儿死后的第二年（1943 年），我的大妹妹若纲在万县乡下受风寒而死，年仅 28 岁。

还有，到重庆后不久，妻子就病了。我们从相国寺坐船到临江门上坡去看病，那个医生很好，叫张学兵，他一摸脉，是伤寒，就把病医好了。可惜，那个时候家里很穷，缺乏营养，不久妻子的病又重了。我每个月发了工资，就给她看一次病。后来她不看了。有一次我们狠心想打个牙祭，就买来两斤肥肉来红烧，补补身子。结果飞机来了。等到警报解除再过来，那些肉都烧成灰了。妻子花了很大的力气来洗那只锅。

妻子老咳嗽，后来变成肺结核了。左邻右舍怕传染，看到她来就回避，她心里很难受。

我在重庆最困难的日子中，几次想走绝路。有一天日本飞机来轰炸，我对生病的妻子说："我们不再跑，炸死算了。"妻子表示同意。于是我们双双在家静坐。飞机在远处投弹，"轰轰"的声音很可怕。我突然害怕了，要是炸不死，炸个半死不活咋办?！想到这里，我一下子跳起来，背起妻子就跑……

但是，我妻子没有等到抗战胜利。她身体不好，吃得又没营养，有病没钱治，拖了几年，在抗战胜利前三个月（1945 年 4 月 24 日，农历三月十三），她闭上了眼睛，这时她还不到 30 岁。

八年抗战，我失去了四个亲人，他们虽然不是直接被炸弹炸死的，但可以说都是死于日本人之手。

妻子出生于一个大家庭，很是贤惠，知书达理，脾气也很温和。在逃亡和兵荒马乱的岁月，她同我一起担当。她的去世让我十分难过。

她逃难时把照片的底片带出来了，她去世后我重新翻拍，从她生到她死，做了一本相册来纪念她。这本相册现在还在。

还有，我在她的灵前发誓，从此以后不再娶。

"我一辈子守着你。"我说。

采访地点：重庆市中区上清寺渝建村

采访后记

电话约好之后，我很费了一番工夫才找到潘老先生的家，可已经比我们约定的时间晚了大半个小时。

远远地，一块地坝上站着一个老人。烈日炎炎下，老人一动不动，在山城的高温下眼巴巴地望着我的来路。

那苍老的身体、满面的皱纹、期盼的神情，让我心中一热。

“我怕你找不到，我们这儿不好找。”老人说。

“你等了多久了？”

“大概一个小时吧。”

一个88岁的老人，在烈日下等我一个小时！是什么在他心中郁积和涌动？

背景资料

《嘉陵江上》

上海作曲家贺绿汀和东北作家端木蕻良用一首《嘉陵江上》抒发了千千万万难民怀念故土的悲情和他们对收复失地、重返家园的期盼：

那一天，敌人打到了我的村庄，我便失去了我的田舍、家人和牛羊。如今我徘徊在嘉陵江上，我仿佛闻到故乡泥土的芳香。一样的流水，一样的月亮，我已失去了一切欢笑和梦想。江水每夜呜咽地流过，都仿佛流在我的心上。我必须回到我的家乡，为了那没有收割的菜花和那饿瘦了的羔羊。我必须回去，从敌人的枪弹底下回去；我必须回去，从敌人的刺刀丛里回去。把我打胜仗的刀枪，放在我生长的地方！

1940年写于陪都重庆

《嘉陵江上》

江碧波作：巨幅画卷《浩气长流》（局部）

杨鸿年

天津市民，流亡重庆难民，86 岁

小时候家穷，我 11 岁就当了学徒。“七七事变”时，我在天津大公报的印刷厂干活。

一次，我在姐夫的店中收到南京中央电台的电报，就把它抄下来，印上号外，那个时候爱国热情很高。结果，日本人要抓捕，抓了一个卖报的叫龚行元的小娃儿后就来抓我，我只有逃亡。

1938 年，我打温州出来，到了丽水。汽车刚到丽水车站，就响起警报，我不知道该往哪里跑，慌得不得了，从不祈祷的我只求上帝保佑。

年轻时的杨鸿年

轰炸 20 多分钟就停止了，那辆汽车还好，我就又爬了上去，就这样到了金华，住在难民所。当天就有车子到九江，这次是火车了。火车很慢，每个站都要停。

一路上都是拥挤的人，你挤不上去就等下一趟，没有座位，一个个挤上去蹲着。本来九江到汉口可以坐船，但没有船，只得又坐车到南昌，这次坐的是装货的火车。

当时有难民车、难民船，住的是难民所，吃的是糙米饭，不要钱。给我印象很深的是在九江，那个难民所设在能仁寺里，大殿上男男女女都住在一起，铺盖是自己带去的。有时候一天只吃一餐饭。我在温州的时候，同乡送了我 40 块钱，我还能在外面买点儿吃的。

由于大家都是逃难的，男男女女的不计较，随地大小便。只要你有个难民证，你不限制我，我不限制你，大家都爬上火车，挤在一起。难民车开开停停，停停开开，走得很艰难，有一次两辆车子还差点撞在一起。不过有一点很好，就是：没有什么偷窃。那个时候人很讲良心的。大家都逃难，虽然挤，但没有混乱。有些年轻人比较有责任感、有良心，一路上还帮助老人。

国民党伤兵也多，最惹事的就是伤兵，乱七八糟的，到处抢、砸。被人恨的是伤兵，但是可怜的也是伤兵。

我在汉口时，目睹了4月29日汉口大空战。当时我住在华商街，又叫银行商会一条街。我不怕，跑到楼顶去看。哎哟，只见一架飞机冲过来，一架飞机冲过去，后来两架飞机“轰”的一声在空中撞了，爆炸了。后来得知，一架是中国空军的陈怀明，另一架是日本的一个队长，一个有名的驾驶员。那个时候我们高兴得不得了，我后来就跑到街上卖号外：“空战，大空战！”

离开汉口，我就往重庆走，这一路最艰辛，一路躲警报，走走停停。结果从汉口到重庆走了半个多月，到重庆时已经是10月份了。

采访地点：重庆市沙坪坝区沙正街木粉巷

注：关于杨鸿年到重庆后的经历详见后面第四章。

江碧波作：巨幅画卷《浩气长流》（局部）

高建文

重庆市民，大轰炸亲历者、受害者，75岁

1937年“七七事变”后，江浙一带沦陷了，大片领土沦陷了，老百姓就往大西南跑，有的通过三峡坐船到重庆，有的是走湖南、广西、贵州的公路来到重庆。

难民身上的衣服肮脏不堪，全身灰扑扑的，头发也乱了，脸也油光油光的。有的提一个包袱，有的拎口箱子，就像乞丐一样，现在想起来，真是很悲惨。当然有钱就好得多，到码头了，汽车、黄包车叮叮咚咚就来了，拉到大旅馆去。当时还有一些大宾馆，像金山饭店、皇后餐厅。有的难民即使有点儿钱，因还要过日子，只得买个馒头、买个饼，将就着过，生活很艰苦。有的人开馆子，租一间房子做小生意。现在那些“好公道”“三六九”“沙利文”“冠生园”等都是江浙一带逃难的人开的。

大学陆陆续续迁来了，教授、学生也来了。人来得多，有的流离失所，身无分文，穿的也只剩了一点儿。没有住的，就找茅厕，用一床席子挡住，暂时安身。有的大学教授就死在厕所里，较场口厕所就是大学教授逃难时住的，那惨得很。

原来重庆汽车少得很，由朝天门到曾家岩就一条公路。那时候代步工具主要是人力车，黄包车就是人力车，一种用脚一踩就叮当叮当响的车。

重庆人早上吃稀饭、干饭，不吃油条、馒头。外省人来了，改变了重庆人的生活习惯，市场上有卖油条的，有卖豆浆的，也有卖包子、烧饼的。

朝天门码头在光绪年间就开埠了，上下船的物资都在朝天门聚集，所以那个时候，附近的仓库、钱庄、货栈、旅店特别多。陕西街、小什字、打铜街那一串就是金融街、就是钱庄。中央银行以及国民党的四大银行，都由南京迁到重庆了。

采访地点：重庆市渝中区七星岗华一村

注：高先生经历了整个大轰炸，他在“五三”“五四”中幸免于难，在后来的大隧道惨案中也幸免于难，但脚残废了。具体内容见第二章和第六章高先生的讲述。

郭焕贞

缅甸归侨，女，73 岁

我是土生土长的缅甸仰光人，父亲是仰光一家百货商店的经理。

日本人打来，我们全家雇一辆车连人带货往中国逃。到了云南境内的惠通桥，日本人追上来了。公路上有上千辆车急着过桥。为了阻止日本人，国民党把桥炸了，我们的车正好在桥炸之前过桥。那些没过桥的车和人才惨，走投无路：后面日本人在追，扫射；前面是个深潭，惠通桥没桥墩，有的人不愿当亡国奴，先把娃娃往下面甩，然后大人跟着往下跳。我亲眼看见好多人选择了自杀。

日本人很快控制了桥那边的山头，封锁了桥这边的公路，我们的车不能开了，只得弃车步行，货当然也不能要了。我们一共九姊妹，我是老大，12 岁，最小的妹妹才几个月。父母两人拖我们九姊妹在晚上爬山（白天不敢走），那才叫狼狈。父母抱两个娃儿往上走一段，把娃儿放在床单上，又返回来抱另外的娃儿。我沿途捡了很多金银首饰，爬山时又都掉了。走到下半夜，整座山上只剩我们一家人。那种恐惧才叫刻骨铭心。

第二天，下到山那边的公路，全家人再也走不动了。父母看见来了一辆国民党的卡车，就带着我们全家跪在公路上，恳求司机把我们带走。车上下来一个兵，他看我们一大群娃儿实在可怜，就把我们载上车拉到了保山。

我们谢了那个好心人后，便从保山乘车到了昆明，住在大观园难民所。随后，我们又从昆明出发，翻越贵州的大山，往福建走，爸爸的老家在那儿。我们共穿越了整整八个省！沿途都很萧条，但是一路上没有遇到任何抢劫！我们拿首饰换米吃，交易很公平，没人欺负我们，也没有人趁火打劫。有些人看上去很凶，但其实不坏。

1942 年，我们到了福建龙岩老家，爸爸租了房子种菜，我养猪，学也上不成了。我们在那儿住了 5 年。1947 年，联合国责成战败国免费遣送难民回国，于是我们一家又回到了仰光。1949 年，听说解放区吃饭穿衣不要钱，我又从仰光回到中国，这次我直奔解放区，从此便留在了中国。

采访地点：重庆市渝中区中山三路二巷

采访后记

采访大轰炸亲历者陈龙光老人时，他的妻子郭焕贞主动讲起了她在抗战时的经历。虽不是重庆大轰炸的亲历者、受害者，但她的讲述给我留下了极深的印象，以至于后来我给一届届学生讲到滇西抗战和提到抗战时期民族的精、气、神时，都要引用郭焕贞的讲述：一是1940年5月4日，国民党为阻偷袭的日军而炸毁惠通桥后，怒江西岸不愿当亡国奴的同胞投江自尽；二是在兵荒马乱的中国，穿越整整八个省，没有遇到任何抢劫！

“抗战的时候，人心都很好啊！”这是另一位老人潘世豪在讲到六十多年前的逃亡经历时的感受。

“五三”“五四”大轰炸亲历者杨槐春说：“五三”“五四”轰炸没有任何趁火打劫的案件，很多人跑了，家门大开，但没有人偷抢，东西掉在地上，也没有人去争抢。国民党自卫队、防护队、警察、宪兵等各施其责，防空秩序搞得很好。

第二章 “五三”“五四”

遭轰炸后的重庆市区

从全国各地历经千辛万苦逃到重庆的难民，没有料到，日本飞机跟踪而至。

机鸣弹啸、烈焰腾空……

在重庆土生土长的市民，千百年来的安宁平静被彻底打破，经历了生与死的艰难岁月。1938 年 12 月 2 日，日本天皇向侵华日军下达“大陆令第 241 号”，命令对迁移到重庆的不妥协的国民政府实施“航空进攻作战”，以达到“消灭残存抗日势力”的目的。当天，日本大本营总参谋长发布了第 345 号大陆作战令，命令攻击重庆，宣称“摧毁敌人的抗战意志”是航空进攻的目的，并允许“对中国各军使用特种弹（毒气弹），……直接空袭市民，给敌国民造成极大恐怖，挫败其意志，震撼其政权”。为此，日军侵华总司令部调集了几乎全部侵华空中力量，开始了对重庆的狂轰滥炸。

1939 年 5 月 3 日和 5 月 4 日，是重庆首次遭遇的最猛烈和最血腥的轰炸，也是在五年半的轰炸中，伤亡人数最多的一次。

田泽周

重庆大轰炸亲历者，88 岁

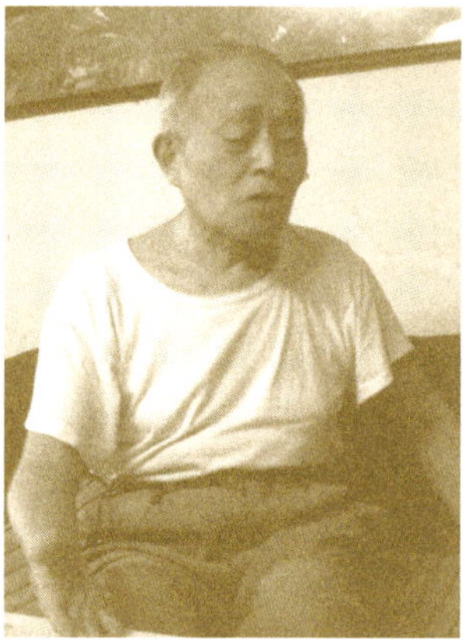

没轰炸以前，学生出来宣传，让大家疏散，可谁都舍不得自个儿的家。第一次轰炸，炸弹丢在朝天门、解放街，弹坑有粪坑大，大家害怕了，才自动疏散。

5 月 3 日轰炸的时候，我正在蔡家石坝。那空袭警报一拉，大街上的人到处跑，大家背的背扛的扛，牵着孩子，你把我撞倒，我把你撞倒，都想逃命。

所有出城的人都往朝天门那九道门跑，每个门都挤了很多人，那个情形看得人心里又急又慌。老头子、老太婆、孩子，你牵我我牵你，像大队伍似的，从朝天门到寸滩，再从寸滩上坡。那么多人，不断地走，去乡里疏散，一路上哭哭啼啼的。到江北的木船最多装十几个人，你抢我也抢，不少人掉进河里去了，还有全家遭殃的，但死了就死了。有的船整个沉到河里去，死了许多人。

燃烧弹下来，落到地上像火花似的，“哗”地一下就铺开了。那时候木房子特别多，一烧就是几条街。夫子池、蔡家巷、来龙巷大火连天。上石板街、下石板街、大众电影院、公安局大门那一带，全都烧起来了。就算隔个几公里，你都能感觉到火的热浪，吓死人。后来，我从大阳沟过去，大阳沟死的人，摆得满街都是。我只能踩在死人身上，一脚踩一个走过去。

警报解除后，没有人回来。磨坊街、老街、老鹰街、老瓷器街、新瓷器街……那一段时间，亲人来烧钱挂纸，一片阴风惨惨。

采访地点：重庆市南岸区南坪东路 31 号

注：关于田泽周的其他经历详见后面大隧道惨案部分。

曹宗烈

重庆大轰炸亲历者，女

重庆市区在日本人还没来轰炸的时候，是很不错的，从邹容路一直到小什字都是相当繁华的。下江人到重庆来避难，没有住处的，就搭棚，以致两路口、朝天门……像难民区一样。有人穿得破破烂烂的，也有好的。贫的做苦力，富的就做点儿小生意。

1938 年，重庆第一次拉警报，我父亲就把老祖母和六个娃娃安排在中梁山，他一个人在邹容路经营绸缎铺。我在两路口友荣中学读书，我哥在沙坪坝南开中学读书。

第一次听到警报，家里紧张得很，特别是我外婆。外婆说：“这是啥子人来了，这么凶?”要大家去躲，但到哪里去躲？全家一下子都跑到八仙桌底下去，老的小的，都到那儿去躲。这样一吓，我的老祖母还生了一场病。

那些日子，外婆经常点着烛香，求菩萨保佑我们这些娃儿，外婆就这么喊，喊得好心疼。她说，我们一辈子没做过什么坏事，都是积德行善的多。我现在想起那个情形，还很难过。

那时有个老师叫范仲安，是个教导主任，教的歌都是抗日救国的歌，像《游击队歌》。学生的脑子里都认为日本鬼子最可恨，假期我们都要出去宣传，在小什字演讲。十来岁的娃儿讲得出来啥子？但都有一颗爱国的心。日本打进中国来，全国人要一条心，不要怕，要起来反抗。当时确实是不想当亡国奴。

“五三”那天，我在两路口友荣中学读书。轰炸后的晚上，我们都没回家，就在鹅岭山顶上看。很多人从两路口出城，大的小的，扶老携幼地走。我不晓得外婆他们怎样了，也不知道我哥哥在哪里。

后来得知，我家人幸免于难，但是我家的铺子被烧了，好大一个铺子，只抢出来几十匹布，我爸爸抱着那些布喊天：一家人的生活怎么办？房子是我们自己的，也被毁了。

那一夜，我们整夜都没睡觉，反复唱那个《松花江上》，唱《离家》：

离别了白山黑水，
走遍了黄河、长江，
流浪，流浪，流浪，
流到哪里？逃亡到何方？
我们的祖国整个在动荡，
我们已无处流浪，已无处逃亡。
哪里是我们的家乡，
哪里有我们的爹娘。
百万荣华一下化为灰烬，
无限欢笑转眼变成凄凉，
……
看，火光又起了，
听，炮声又响了。
不知多少生命死亡，
……
来，来，来，来，
我们团结一致，一直向前，
我们齐肩奋斗，一直向前。

当时我们只有十三四岁，就在那里坐了一夜，唱了又哭。整夜看那些人往外面走，老的小的，哭的哭叫的叫，真的是不忍看。城里烧成火海，我不知道自己的父母在哪里。

那天有星星、有月亮，没有下雨。

采访地点：重庆市渝中区大溪沟人和街

背景资料

5月3日上午9时，36架日机从汉口“W”机场起飞。飞机载有爆炸弹和燃烧弹，燃烧弹紧随爆炸弹扔向人口密集、以竹木建筑为主的重庆市区，这种燃烧弹的威力异常巨大。5月4日下午6时，27架日机轮番轰炸重庆，共投炸弹78枚、燃烧弹48枚。

5月5日，蒋介石手令“本市各公私汽车、轮船、木船等交通工具，于五六两日概行免费输送难民”。陆诒在《敌机狂炸了重庆》一文中写道：“各机关的公、私汽车，甚至是蒋介石、林森的汽车，都贴上了‘输送难民专车’。各机关公务人员，执着小旗伫立在街头，照料难民下乡。”

日机下的重庆渝中半岛

江碧波作：巨幅画卷《浩气长流》（局部）

左作桴

江苏难民，重庆大轰炸亲历者，73 岁

我 9 岁时，爸爸在海关工作。爸爸说日本人打过来了不安全，我们就从庐山下山到成都的叔叔家，厨师和保姆都不愿跟我们走，自个儿回老家去了。我两个妹妹坐一个轿子（面对面坐的轿子，小孩坐的）。

从庐山下来到汉口、宜昌，坐的是比较好的仓位。可是宜昌往上走就不行了，三等仓屋里有四个铺位，走廊上全是人，地上睡满了，门都出不了，栏杆上也吊着人，绳子吊在栏杆上，绳子上就是被裹，被裹里就装上人。过丰都城时是下午，天很阴，说有鬼，我不敢说话，从窗户偷着往外看。一路上印象很深的还有三峡拉纤的纤夫，他们光着身子拉，一丝不挂。

我爸爸他们从长沙、常德一直撤到重庆。我们住在邹容路中央公园旁边，爸爸在太平门海关上班。

那天下午，还没吃晚饭，就拉警报了。妈妈拉着我们三个（一个 8 岁，一个 9 岁，还有我）就往动物园的防空洞跑。那个防空洞实际上是用土和木头搭的一个防空壕，严格说来是经不住炸的。就在那个壕里，挤满了 300 多人。妈妈带着我们往另一个隧道跑，发现那里也是人满为患，隧道门口乱作一团，人还在往里面涌。妈妈急得满头大汗，说："三个娃儿都小，丢了一个怎么办?"无奈，妈妈把我们带回家，把棉絮盖在桌子上，一家四口钻到桌子下，抱成一团，瑟瑟发抖。

一会儿，炸弹下来，只听见"轰轰轰"的声音地动山摇，家里的玻璃哗啦啦碎了一地！那个声音大得很，吓得我们三个小孩尖叫。我们学过把耳朵捂住，嘴巴张开，但没用。"轰轰、咚咚"，天翻地覆的，没完没了。接着，听见外面惊慌的喊声："糟了！糟了！烧起来了！"一股浓浓的、刺鼻的硫磺味扑进屋来。妈妈赶紧拉着我们往外面跑。我们跑到一个石壁下坐着，不敢动。这时，防护队的人拉着担架，一串一串地从我们面前走过，担架上的人鲜血直流。有的人肚子破了，肠子吊在外面；有的人整条腿的肉被弹片划开，肉翻出来。妹妹被吓得捂着脸，不敢看。这是我第一次认识到什么是轰炸。

死人最多的，是那个防空壕。炸弹直接落在上面，防空壕不堪一击，躲在里面的人死伤惨重。防空壕旁边，有一只叫"蛮子"的孔雀，那只孔雀非常可爱，叫它开屏它就开屏。那天日本飞机来时，它不停地叫，后来有人埋怨，说正是蛮子的叫声引来了飞机，蛮子自己也被炸死了。

挤在隧道门口的人也几乎全部被炸死。事后，妈妈庆幸地说："我们是挤不进去才捡了一条命!"

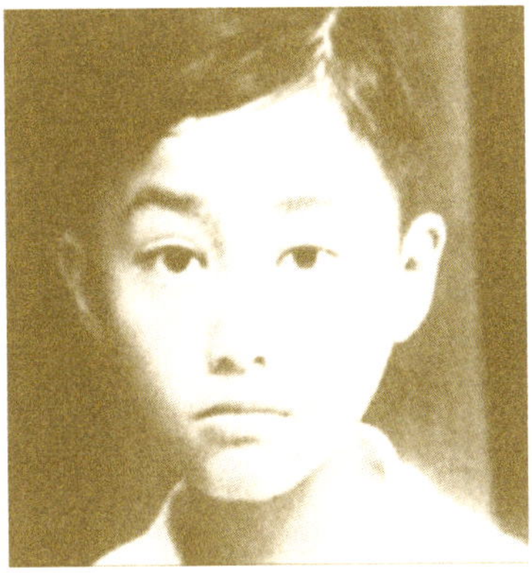

少年左作楫

左作楫一家

公园边上有一个小巷子，我们走过去坐在人家的大门口，一直坐到了天黑。后来我爸爸来找我们，见面第一句话就是："你们还没死呢!"我妈说："就是啊，还没死。"然后就再也没话说了。我们小孩吓坏了，脑袋嗡嗡的。第二天天刚亮，一出门在拐角上就是死人，有个人的腿没有了，仰面躺着；印象很深的是还有个人的脑袋没有了，两只手插在气管里面……不知是疼还是怎么的。

爸爸说重庆不能住了，于是我们搬到了成都。

到了成都，没有防空洞，躲哪儿？躲在公园树底下。后来日本飞机炸公园、炸树林，所以又炸死了很多人。我听说树上到处都是肉。于是，只要一拉警报，我们三兄妹就钻到桌子底下，捂着耳朵，张着嘴巴，在桌子下发抖。后来，只要听到猛烈的响动，我们就往桌子下钻，全身发抖，嘴里不停地念"阿弥陀佛，阿弥陀佛"，拉都拉不出来。我父亲一看成都也炸得这么厉害，而且还没有防空洞，于是又把我们接回重庆。

海关在南岸，我们就住在南岸黄家院。我在五中住读。我们在学校里，都是吃平价米、红米，肉一个礼拜吃两次。家里也带点儿菜，一般是10个同学大家轮流带菜。轰炸时候，我们跑到山顶上，躲在战壕里边看日本的飞机，它一来就是几十架。城里亮一下，冒一股烟，炸后就烧起来了。有时候晚上烧起来，整个城里一片火海。

后来听说日本人打到贵州独山了。国民党在学生里号召从军。我们班上的一个班主席叫卢倡如，是功课、品行最好的同学。他突然不见了，大家都不知道他上哪儿去了，他爸爸妈妈也不知道。他爸爸妈妈还是国民党高官。后来他被送回来，我们才知道他参加了远征军，但他在训练的时候，不幸把腿给摔断了，这样，他才不得不回来念书。然后美国海军招人，我跑去报名，但截止了，我非常遗憾。不过又招赴英参战海军，我也不跟父亲讲，就去报名检查身体，挺严格的，检查完了以后也不说。父亲就我一个儿子，所以在他很高兴的时候，我才跟他说。父亲说你去吧。18 岁才允许（参军），我 17 岁半就去了。我很积极，报到的时候，有 600 多人，我是第 14 名。我在印度经过训练、选拔，成为 93 个人的士官。先到昆明，然后乘飞机沿驼峰航线到了印度，从印度坐 18 天海船到英国，在英国皇家海军学习信号通讯三年。1948 年回国后，我又考入设在青岛的海军军事学院，然后转到厦门。我表叔是厦门海关关长，他安排我到了香港九龙海关。

1949 年底，我从九龙驾了一艘缉私艇回到大陆。

采访地点：重庆市南岸区玄坛庙海狮路 67 号

采访后记

在我所采访的 102 名大轰炸受难者、亲历者中，左作桴先生是一位难得的受过良好教育、口述力很强且仪表堂堂的人。

南岸区玄坛庙离我生长的马鞍山很近，我对那一带很熟悉，都是属于长江沿岸破旧贫穷之地（后来修南滨路，那儿成了观景胜地）。在一栋昏暗破旧的房子里，我找到了左作桴先生。左先生轩昂的气质和不俗的谈吐与他身处的环境形成很大的反差。

以已有的见识，我能想象到出生于国民党海关官员之家、后来又从戎去了英国的左先生在 1949 年之后的命运。

在采访完“大轰炸”之后，我问起他新中国成立后的经历，左先生一改滔滔不绝，烁烁的目光也暗淡下来。

他没多说，我也没追问，他身处的这个破落环境已经说明了一切。

他 1949 年底抛弃一切回内地，是不是源于在抗战时期烙下的那刻骨铭心的爱国情结？

艾礼平　从武汉炸到重庆

武汉难民，重庆大轰炸亲历者，86 岁

1937 年，我住在武汉中山大道 512 号，在一家药铺帮工，武汉中山公园被炸后，我逃离武汉。

我是当年 10 月 22 日坐船离开武汉的。船在走，上面飞机在炸，就算没被炸死，掉到水里也要淹死。我坐的是民生公司的船，不知道是什么名字。不知是 11 月还是 12 月，我们才到重庆。重庆也只有督邮街房子多一点儿。民生公司修了一些房子，从朝天门一路上来，就这些房子和督邮街的房子修得高一点儿，其他房子都不高，都是一楼一底，没有多少层的。当然几层楼的还是有。沿江的那些房子，大都是穿斗房子（吊脚楼），搭几根竹子到地上，是悬空的，看着吓人得很，那个要垮了人会全部摔死。

“五三”那天我在中英街那个地方，就是八一路升平电影院，我们在升平的对门。老板在那里开店，我在他那里工作。我那时候也很大意，心想武汉炸的时候，飞机在远的地方丢炸弹，我想我也不跑了。拉了警报，“呜——！”最惨的是紧急警报，像哭一样。解除警报就是一声长的，老是响，像轮船一样一直响。听到飞机要来了，我就往楼上跑，从三楼顶上看，我想看飞机究竟是怎么来的。我一看，飞机从菜园坝来了，三架一排，那个时候还不知道是双叶还是单叶飞机，我在数：一三，二三，三三，四三，五三，六三，我数到第 18 架，飞机就开始丢炸弹。我赶快往底下跑，蹲在那个楼梯底下。

炸弹从菜园坝一直炸到中兴路，到了官井巷挨着我们那里，再到千厮门，一路丢，最后从江北那边走了。

第二天，“五四”那天炸得更狠，到处都起火，到处在烧。

逃亡的多得很，城里几乎走空了，十分走了八分。商店都关门不做了。我老板一家人都搬到乡下去了，他有一个侄儿在那儿。他一个月来收一次钱，就这样照看生意。我逃到哪里去？我是外乡人，在这里又不熟，只得留下来。

我们卖药，有药酒、有药，那时买的人还挺多，但店最后还是被炸了，幸亏那天我们都跑到老板那个乡下去了。长生桥那个到较场口卖米的人告诉我们，我们的房子都炸了。我们赶紧回城。真的！房子炸了，屋里的东西，坛坛罐罐都被掀到马路上去了。地上到处都是药啊、酒啊，乱七八糟的，我们赶紧收拾。

我们躲的防空洞在扁担巷，那个防空洞是直的，从山城电影院下面一直通到中兴路。防空洞里气味霉臭，人多了气都出不来，里面还有水，水凼凼还滴水。

那天进洞之后，气味就不对了。我老婆（黄来君）那时候20多岁，说，哎呀，我气都喘不过来，心跳个不停。她当时又怀孕了，我说我们赶快走，炸死也就这样了，不死也要死。我就把她拉出来走了，才没有被闷死。

第二天，我就听说这洞里闷死人了。

我看到十八梯那里堆着很高的人，衣服都没有，身上都是乌一块紫一块的。尸体都在十八梯上面的那条马路边上搁着。卡车一车一车地运到朝天门，再用船运到黑石子的万人坑，不知道死了多少人。

门口有好多箱子、行李，把那扇门都遮住了，都是从防空洞拿出来的，我就看到这些。

采访地点：重庆市渝中区枣子岚垭菜市巷

李文玉

女，84岁

我生长在长江边火车站上面的黄沙溪一个叫兜子背的地方。我那时靠给别人洗衣服、担水为生。1938年我嫁了个推船的，船是两人推的那种小木船，用来摆渡，从菜园坝到江对岸的铜元局。

大轰炸初期，我们不晓得跑防空洞，就在桌子上放床铺盖，空袭时就躲在桌子下。

“五三”那次轰炸，炸弹扔下来，一部分丢在河里，一部分丢在坡上，我看见江中一排水冲起，红红的、亮亮的、轰轰的，好像把河都拦断了。储奇门、金紫门被炸得惨了，一个人头被炸飞到趸船上，河里的水都红了。

我跑到我男人船上去躲，他把船推出去，没走多远，就有人拿枪把船拦住，喊他划船去拉死人。我下了船，全身发抖。他去了一整天，到晚上才回来。我问他把死人拉到哪里，他说拉到下面。我问：“是埋吗，还是丢在唐家沱？”他脸色发白，“嗯”了一声不回答。我又问：“死人是他们拖上船还是你拖的？”他说：“我拖的。”第二天他就病倒了。

当时兜子背算是郊外，城里很多人跑来躲飞机，他们就坐在我们家门口，门口都坐满了，白天来天黑了才回去。

其实我们这儿也不安全。炸得凶的那段时间，我每天早上起来第一件事就是收拾一个背兜，装上被子、衣服，随时准备跑警报。有一次我记得是农历七月间，飞机来了，我们没洞子，就漫山跑。我和我妈、姐姐、三娘母顶床铺盖往坡上跑。听见“轰轰”声，我把铺盖掀开，看见九架飞机正在丢炸弹，我赶快扯铺盖来把头遮住。那一次炸死了很多人。第二天我们不敢去看，只看见有人抬死人过路，抬了两三天，有些脚被炸烂吊起，肉甩来甩去。没有想到他们会专门冲着我们老百姓炸。

采访地点：重庆市江北区冶金一村

唐世科　右眼炸瞎了

86 岁

我从丰都农村来到重庆，在市中区黄桷垭挑水为生。“五三”大轰炸那天，我看见天上像飞蛾一样来了一大群飞机，我不晓得该往哪儿跑，更不晓得该躲到哪儿。有一群人跑到水塔下面去躲，因为人挤，我就没去，结果水塔下的人全部被燃烧弹烧焦了。我没中燃烧弹，但中了一小块弹片，把右眼炸瞎了。苏联办的一个医院收留了我，住了几个月才出院。出院后，我没法再挑水，只好去给一个下江人帮工，一直干到 1949 年。

采访地点：重庆市九龙坡区石桥铺白马函

高　枫

80 岁

“五三”大轰炸时，我正在市中区望龙门附近的德顺公药站干活。当时没有多少防空洞，也没有什么防空意识。我生性好奇，跑出来看。炸弹一下来，才晓得厉害，人群像被捅了窝的马蜂一样乱跑。药站老板交给我一包贵重药材，叫我往河边跑。在路上，我看见人的肠子挂在电线上，墙上粘着人的肉皮。有一个提着箱子的男人的后脑已经被弹片削去一大块，他居然毫无知觉，还在跑。有人喊：“你后脑遭炸了！”他用手一摸，立马就倒下去了。

这一幕我在后面看得清清楚楚，当时我双腿发软，差点也倒下去。

只过了几天，我们药站也被炸了，我们回来一看，药什么的，被炸得到处都是。

高建文

重庆市民，大轰炸亲历者、受害者，75 岁

“五三”那天大概是一点钟，警报响了。那个时候人们还不知道轰炸的厉害，有些人家在桌子上面放一些被子，人就在下面躲。他们认为房子炸垮了，倒下来，有桌子就伤不着人。

那天，飞机主要是从朝天门沿着长江这边过来，陕西街、朝天门，一直到中天门。那架飞机飞得矮，炸弹“轰轰”震耳欲聋，又听见机关枪“嗒嗒”地打、扫射，又炸又扫射。小什字那个岗亭站岗的警察也被炸死了。我跑到瓷器街慈善堂，里边有些棺材，棺材下面有空间，我就跑到棺材下面那条空隙里边去躲着。

那天还没炸到我们上半城，主要是炸下半城那边。第二天上午，我又去看，那公园里边的死尸到处都是。那树上有断手断脚、烂衣服，有的死人血肉模糊，根本看不清人样，横尸遍野。公园里边有猴子，还有一些动物，有锦鸡、有孔雀，孔雀被炸死了，孙中山先生的塑像也被炸了。有一两百人躲在公园里，公园里有防空掩体，就是几根木头围着，上边堆一些泥土，泥土下边躲人，那个防空掩体根本承受不了，一颗炸弹就给掀翻了。

“五三”那天死了六百多人，伤了一千多。

第二天更厉害！“五四”不是青年节吗？我在夫子池小学读书。现在的解放碑那边当时有个大众游乐园，中间一大块就是集会广场。那天下午，我穿着童子军衣服正准备去，五点多钟，预期警报我都不知道，忽然从江北那角传来“呜呜”的声音，然后就听见有人喊“趴下！”“趴下！”店铺“噼噼啪啪”地关门了，我没办法，就钻到中药铺的店子里去，把头伸进椅子下，屁股还在外面。

一会儿就听见飞机的轰鸣声，接着是一连串的轰炸声。

轰炸过后，我出来一看，七星岗那一带满天通红，火焰、浓烟……我对面巷子里一家人都躲在桌子下面，结果桌子周围的人都被炸死了，只有中间那个人活着。我这才知道桌子下、床下都不是安全之地。

那天晚上政府动员疏散，从通远门出去、走朝天门出去……我从储奇门到南岸涂山那边去躲。

当夜也没人睡觉，哭的哭走的走，牵着孩子背着老人，抱着一些用具什么的。在储奇门河边有一些船，大船、小船都挤满了人。人多了，不敢开，怕沉下去，就动员一些人下去，当时我人小，一上跳板就滑到水里去了。我赶紧爬起来，上船过了河。

采访地点：重庆市渝中区七星岗华一村

背景资料

1939年5月5日，英国路透社报道：

昨夜今晨，蒋委员长夫妇同往灾区巡视，目睹眼前一切，蒋介石称：“这是我有生以来第一次见到的惨绝人寰的惨案，……中华民族的正气，自古以来都是在遭受异族侵略时迸发出来的！”针对日机连日狂轰滥炸重庆城乡各地的暴行，蒋介石发表《告全国同胞书》，“血渍遍地，火光流天，惨毒之状，罄竹难书”，他号召国人“倍增团结，誓死雪耻，亲爱精诚，共报国仇！”

蒋介石夫人、中国战时儿童保育会会长宋美龄彻夜奔走，监督救护几千名难童。美国传记作家埃米莉·哈恩记下了这段经历：

整个晚上，蒋夫人马不停蹄地四处奔走，监督救难的工作。直到五月五日中午过后，她才有时间照料她自己的孤儿。

天将破晓，一队由六千名儿童组成的队伍被送往乡间。城外数里的一处地方是他们的暂栖之地。他们在清晨五点到达之后，吃住立刻成了问题。

蒋夫人下令停止所有用来疏散重庆市民的卡车及私家车。这些车正要空车回城里去，而蒋夫人则命令它们调头回来载孩子。她站在路中，手中挥舞着旗子，召唤驶来的车子。车内的人一听要载孩子往往立刻调头就走，而不知和他讲话的就是蒋夫人。这也难怪。因为此时的夫人满脸尘垢，全身衣裳不再整齐，连她的侍从副官都被派去为孩子们张罗吃的了。

陈代六　被炸“死”两次

上海市民，流亡重庆难民，87 岁

日本飞机炸重庆，第一次炸的是广阳坝，没进入市区。第二次炸市区，大家才被吓住了。

“五三”轰炸时，有一家人，老太婆被炸死了，家人把她的尸体抬到家里暂时放置，设一个灵堂。第二天“五四”轰炸，警报来后，人就跑了。警报解除了，家人回家一看，灵堂不见了，尸体也不见了，全都被炸飞了！一个人被炸死之后，还要“死”第二次，这算不算个奇闻？

那天夜晚，临江两岸的人都往上游走，连夜出城。在嘉陵江边，就是从重庆现在的通远门出去，一直沿着江边上沙坪坝、上磁器口，对面江北区沿江路上去，两边的灯笼、火把像火炬，长江这边也是一样的，从菜园坝往上面走，那边从海棠溪往上面走，连夜逃出去，十分恐怖。

采访地点：重庆市渝中区大田湾体育场大同村

龙文福　后代对那段历史漠不关心

63 岁

我生于1938年7月18日，父亲是嘉陵江上的一个船工。我出生还不到一年，就遇上“五三”“五四”大轰炸。我妈抱着我，随市民跑到李子坝一个涵洞（公路下的泄洪洞，洞壁为石砌）内躲避。日本飞机的炸弹正好落在洞口下的一个大坝内爆炸，气浪把我们母子三人抛起撞在石壁上，我被当场震晕，直到晚上才苏醒。那次，我们全家算捡回了一条命。

不过说来也悲哀，我们自己也忘掉了那段历史。我的孩子对重庆大轰炸一无所知。有时我提起那段往事，他们竟然说：“关你啥子事，都是些过去的事了，你还写啥子？”

采访地点：重庆市九龙坡区石油路五一技师学院

江碧波作：巨幅画卷《浩气长流》（局部）

崔荣鼎

73 岁

那时，难民大量涌入，不管从哪来的，统统称为下江人。有的人有社会关系，有的人有亲戚朋友，那还算好；没亲戚朋友的，只能流落街头。

我父亲是一个中医，开了一家茶馆兼栈房，价格很便宜，主要是方便下层劳动人民。白天经营茶馆，晚上把桌子一摆、茶碗一收，下面铺棕垫、草垫，上面铺草席、被子，就做栈房。就是清洁卫生状况不太好，夏天还有臭虫，冬天有虱子，稍微有钱的就不会在这里住。收费虽然低廉，但我们的生活还算过得去。

当时吃那个平价米，就是所谓国家限制的，不准卖高价。平价米是怎样买的？是按每一家发放的，有点像以后的粮本。

1939 年、1940 年、1941 年，这三年是轰炸最厉害的。日本鬼子的飞机来得很勤。

“五三”那天我刚到学校，就挂起了一个红球，老师本来叫我们上课，可是很快就挂了两个红球。老师看到后很着急，也很害怕，于是就叫我们赶快回家。

我跑到街上，鬼子的飞机已临近重庆上空，拉起了紧急警报。我慌了神，就往法国天主教曾元堂跑（现市公安局所在地）。那儿一般不让人进的，拉了紧急警报才让中国人进他们的防空洞。我们刚一躲进防空洞，就听到炸弹“轰隆轰隆”的爆炸声。

天快黑了才解除警报。防空洞门一打开，我随着人流涌出来。走到街上，天呐！到处都在燃烧！督邮街等（现解放碑步行街等地）最繁华的街道全部变成了废墟，到处都有烧焦的尸体，还有一些残肢挂在电线或断垣上。

我赶紧往家跑，但家已经被夷为平地了，还在燃烧，周围也在燃烧。不知我父母和三个妹妹在哪儿。我又冷又饿，一边找一边叫喊，在周围转了一圈，都找不到人。我就沿着民权路（现在的步行街）走了一圈，又回到那儿，家里还在燃烧，我又大喊“爸爸——妈妈——妹妹——”没有回应。我在火堆边失声痛哭。

后来我碰见一个小学同学的家人，他们就拉着我说：“走！走！到我家里去。”到他们家里以后，他们给我弄了一点儿吃的。因为怕日本飞机晚上来，他们在桌子上面堆一些被子，我们就躲在桌子下面，心想若它炸下来，总能抵挡一些。那天晚上日本飞机没来，但我没睡着。

第二天我继续到处找我的家人，也没找到。当天又拉警报，一躲警报又是七八个小时。到了晚上，我又回家去找。嗨！看见父母正在我家被炸的房屋废墟上挖扒。我老远就扯开喉咙喊："爸爸！妈妈！"他们看见我又惊又喜，我大叫一声扑到他们怀里，放声大哭。他们也抱着我哭。我们一家人抱在一起大声痛哭。

"五三""五四"轰炸之后，我们的生活就没有来源了。衣服都没换的，白天还好一些，晚上冻得够呛，也没地方睡，就找点儿布在我们家原来的地方搭一个帐篷，背靠背取暖。天一亮，只要看见是晴天，就紧张得不得了，因为又要躲警报了。没有饭吃，就买一点儿便宜的红苕（红薯），有时候熬一点儿稀饭，一天只吃一顿。有时到一些大馆子买一点潲水，因为里边还有一点儿肉，虽然挺少的，但还可以吃。记得我刚吃的时候，恶心得想吐。

刃锋作：抗战木刻《嘉陵江上》（局部）

上学是断断续续的，有雾或者下雨就安心上学，因为日本飞机不来。老师教我们唱抗日救亡歌曲，这些歌曲都很好，对我们教育很大，要爱国、要树立抗日救国的思想。我印象很深的是一个姓范的外省老师，他教我们唱《在松花江上》："九一八，九一八，从那个悲惨的时候……"他一唱，我们就跟着唱，都唱哭了。

还有斗志昂扬的歌曲《大刀向鬼子们的头上砍去》，还有"工农兵学商，一起来救亡，拿起我们的武器刀枪……"，还有"一起来救亡，一起来救亡，拿起我们的武器，走向民主解放的战场……"

采访地点：重庆市渝中区桂花园路

背景资料

防空警报球

1940 年 5 月，除电动警报器和工厂、轮船汽笛之外，重庆正式采用“防空警报球”的方式辅助发布信号。警报球为红色圆球和绿色长筒球两种，球内安有灯具供夜间使用，安装在人口稠密的制高点和交通要道。

悬挂红球 1 个，为预行警报，表示日机已从武汉起飞，市民应准备或疏散；

悬挂红球 2 个，警报三声长音之后一声短音，为空袭警报，表示日机已飞抵宜昌并继续西飞，1 小时内将空袭重庆；

降下 2 个红球，警报声一长一短，为紧急警报，表示日机已到涪陵上空，即将飞临重庆，全体市民应立即避入防空洞。

悬挂绿球 1 个，警报声变成悠扬的长音，为解除警报，表示日机已返航通过涪陵上空。

无空袭时，红、绿球均不挂。

从 1939 年到 1941 年，在日机大规模轰炸的三年期间，发布的空袭警报总计 548 小时 40 分钟，1941 年 7 月 28 日一天发布空袭警报竟达 9 小时 15 分钟。

警报发出后，高射炮队、防护团等各就岗位，市民扶老携幼，鱼贯入洞，解除警报后，鱼贯而出。

防空警报球

杨槐春 没有任何趁火打劫

"五三""五四"大轰炸亲历者，89 岁

我是南京人，黄埔军校第十期学生。后来，我上过空军军官学校，与周志开是同学。由于身体原因，我又转入中国警官学校，1938 年毕业。毕业后，我来到重庆，在属于警察第三分局的东华观分所当警官，后又担任过苏州警察局长、中央警官学校教官，上校军衔。

东华观分所管辖市中区太平门、望龙门、大梁子（现人民公园）一带。这个区域当时汇聚了国民党政府一些非常重要的部门，如军事委员会（现重庆日报地段）、外交部、海关、行政院海外部、社会部等。此外，它还是商业繁华区，人烟稠密。

"五三"大轰炸那天，蒋介石同戴笠等正在海关 1 号军统办公室开会。日本人消息灵得很，第一批炸弹下来时，蒋介石还没有进防空洞。

那天我没有进防空洞，一直在街上执勤指挥防护团。有一颗炸弹只距我 10 米远，穿透房子，但没有炸，落了我一身尘土，算我运气好，否则我早变成灰了。

从朝天门到储奇门，地形有些弯，日本人弹投得不准，很多炸弹掉到江里，炸死了不少鱼。国民政府的机构基本上没受损失。但是，有好几条街和储奇门码头被炸得很惨。我们分局所属的老关庙派出所那一带全被炸毁，整条街都没了。死人最多的是储奇门码头。没人认领的尸体就有 100 多具。5 月 5 日，我们组织了 20 多条船，运到南岸龙门浩，是我亲自押运的船。尸体被抬到山上掩埋。

"五三""五四"轰炸中很多老百姓还没有躲防空洞的意识。其实，国民政府一搬来就打了不少防空洞，"五三"轰炸之前，沿江一带就打了许多洞子。老百姓往桌子下躲，甚至往树林里躲。"五四"轰炸后，我到中央公园去看，只见树枝上到处是断肢残肉。其中一条女人完整的腿吊在树上晃荡，给我印象很深。

"五三""五四"轰炸期间没有任何趁火打劫的案件，很多人跑了，家门大开，但没有人偷抢，东西掉在地上也没有人去争抢。国民党自卫队、防护团、警察、宪兵等各司其职，防空秩序搞得很好。

采访地点：重庆市渝中区大同巷（民生大厦）

背景资料

5月3日，日机36架共投炸弹98枚、燃烧弹68枚，炸死673人、炸伤350人，炸毁房屋1 068栋。在日本侵华战争史上，一次轰炸死伤超过千人，这是第一次。

5月4日下午6时，日机27架轮番轰炸重庆下半城38条街道，投炸弹78枚、燃烧弹48枚，炸死3 318人、炸伤1 937人，炸坏房屋3 803栋，这是第二次世界大战期间，一次轰炸死伤超过5 000人的空前惨案。

“五三”“五四”伤亡的正式人数是：死5 400人，伤3 100人。考虑到因重庆突然成为抗战首都而造成的人口急速膨胀和战争时期人口的流动性，这个数字可能还要增加。

第三章 刻骨铭心

重庆南岸老码头（戴前锋摄）

长达五年半的惨烈轰炸，给同胞的身心造成了永远无法愈合的伤害，从本章几位老人的经历中，可以窥见眼下已经被淡忘、甚至被遗忘的我们民族曾遭受的巨大苦难。

陈纳德将军 1945 年 8 月 2 日卸职返国前夕，对在中国出生入死的八年作战感慨系之：

1939 年至 1941 年三年中，我曾在重庆亲自看见房屋毁于烈焰，死伤塞途，为全世界遭受轰炸最烈的城市……

中国人民面对巨大艰难所表现的勇敢的、热烈的爱国心，更鼓舞了我们努力抵抗共同的敌人。我虽然是美国人，但我已和中国发生了如此密切的关系，大家共患难同生死，所以，我也算半个中国人！

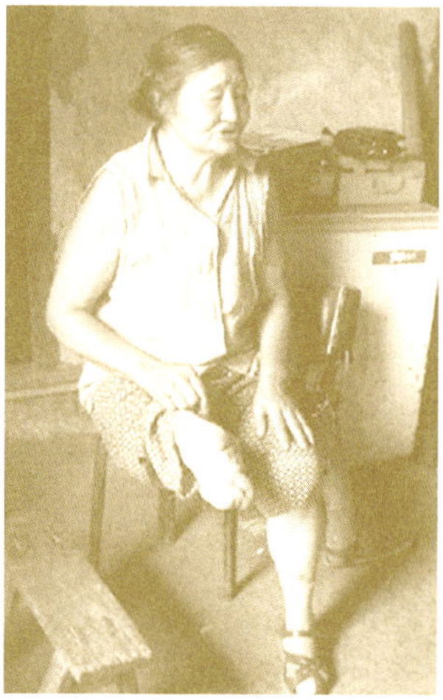

石仲英

9岁那年，我失去了一条腿

女，71 岁

我是青木关凤凰镇人，3 岁那年死了父亲，我妈拖着我们三个子女，日子艰难。正好朝天门一个姓石的小生意人想收养个娃儿，我妈把两个男孩留下来，把我送到了石家。

石家在嘉陵码头的石坡上开了一个卖烟茶的铺子，生意还不错。在我 9 岁那年——1938 年农历十一月二十五日，日本飞机来轰炸，我们以为桌子、柜台下面就可以躲炸弹，一窝蜂都往柜台下钻。我人小，钻到最里面，养母大肚子，只好坐在椅子上，养父陪着她。记得是上午 10 点钟左右，炸弹落下来，像是地震，房子全部被炸毁，墙倒下来把柜台也埋了。下午 6 点钟左右，我才被挖出来。我迷迷糊糊听见有人说，这个娃儿好像还有点气。接下来他们把我抬到医院。医院伤员多得很，我右脚被炸伤了，医生说要锯脚，我也不晓得怎么办，身边又没有一个大人。结果，我整个小腿都被锯了。说起来我还算幸运，我们往柜台下躲的 18 个人，只剩我一个，全因我人小，钻到了柜台最里面。

那次，我养父母也被炸死。我们铺子旁边还有一个茶馆，在里面喝茶没去躲的几十个人也没跑脱，断手断脚炸得到处都是。我在医院住了 100 天，蒋委员长的太太到医院来看我们，每人发了五块大洋。

我出院之后，一只脚跳来跳去很痛苦，遇到轰炸，我跑不动，有一次燃烧弹差点把我烧死。没办法，石家的亲戚找人把我背回了青木关乡下，寄养在石家的一个婆婆家。

我 9 岁就成了残疾，看见其他小孩活蹦乱跳到处跑，羡慕得要死。我哪儿都不能去，干活要支个板凳，甚至经常趴在地上干。在人民公社吃集体食堂那些日子，唉，每天连滚带爬去吃几顿饭，下雨更惨，去晚了饭都吃不上。

还有，由于当时治疗得不彻底，留下后遗症，脚经常痛，还流脓，前两年伤口裂开，口子张得像娃娃鱼嘴，花了我几百块钱医药费。在农村，没劳动力日子好难过，日本人把我一辈子都毁了！

采访地点：重庆市沙坪坝区青木关凤凰镇皂角树村

采访后记

2001年的8月，重庆酷热，我在一个农家土房里采访了石仲英。她露出那条受伤的腿，我惊愕地看到，60多年过去了，那伤腿依然红肿并且有发炎流脓的症状，以至于她不得不贴上一块白纱布。

9岁时一个小姑娘的伤痛，一直伴随她到人生的暮年！

半年后，中央电视台来渝拍纪录片《重庆大轰炸》，我专门带领摄制组来到石仲英家，希望能让千千万万的人看到那仍然鲜活的伤痛。可惜，也许是屏幕上不宜直接展现血腥，石仲英60多年的伤痛“消隐”了。

好在我拍下了这张照片，当时刊登在《重庆与世界》杂志上。原照片早已不存，从杂志上翻拍的这张照片虽然不太清晰，但总能说明一二。

蒋兆和作：《流民图》（局部）

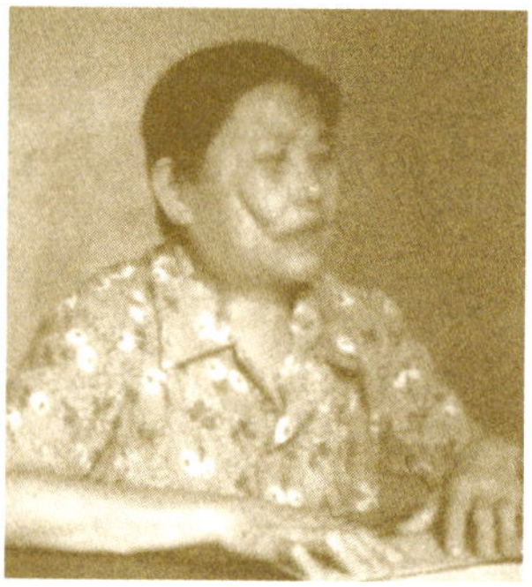

赵孟蓉

女，73 岁

我原本不是现在这个样子，我生的几个娃儿个个都很漂亮……

我是合川人，我爸爸是做线卖的，哥哥 13 岁当徒弟，我 9 岁就到重庆沙坪坝磁器口丝纺厂工作，当童工。丝纺厂是资本家的厂，有事就做几天，没事就在家里耍，或者到别处去上班，哪里有工作就到哪里去做。

1941 年我 13 岁，那年的七月初一，拉了紧急警报后我就跟在上面住的王成芳往山坡上的白岩洞跑。白岩洞不大，里面已经挤满了人，我进不去，只好坐在洞口。我身边还坐了一个人，是消防员，他长着一脸的大麻子。我提了一包衣服，坐在他里边。一颗炸弹下来，“轰”的一声。我像是喝醉了酒，迷迷糊糊，觉得手中的包袱不见了，我顺手一抓，抓起一个东西就跑。

这时听见有人喊：“赵小秀（我小的时候叫赵小秀），你手里提的是啥子？”

我低头一看，是一个血淋淋的、脸上有麻子的人头！

我吓昏了，一头栽倒在路旁的沟里，昏了过去。

我哥哥找到我，把我抬回家。我的脸从右眼角到右下颚，被弹片划开一个大口子，口腔里的牙齿都露出来，另外，右颈也被割开一道血口，鲜血直流。家里人见势不对，打起滑竿把我抬到歌乐山宽仁医院去。医院不收，说要保甲长打证明，说我是被飞机炸伤的。哥哥又连夜找保甲长打证明，这才把我收了。医院先给我打了一针救命针，不知道有没有麻药，好多人把我按住，医生给我缝针，痛得我喊娘喊爹！

伤口缝合后就把我送到病房里去，我起码有半个月没沾茶水。抽线后，我站起来时人都是偏偏倒倒的。我妈妈天天都来看我，她来一回哭一回。医生对我说：“你跟你妈妈说，我们把你屁股上的肉割一块补在脸上，看行不行。”我妈妈说：“算了算了，毁都毁了。”而且，我自己也不想补了。

我稍微好了点，就到医生办公室，天天帮他裹棉花签。我们穷人，手脚勤快，那个医生很喜欢我。他又对我妈说，“补起来漂亮一些，你看你这么漂亮一个女儿”。我妈还是不同意，我也不愿意割屁股上的肉。三个月过后我就回来了。

我回家后，隔壁邻居有个镜子，我去拿来看，这一看，惊得差点昏过去！我哭了几天几夜。半边脸全毁了，这么丑，今后哪个男人看得上我？

后来，我一直是梳着长头发把右边脸遮住，同时心想，我这辈子就当尼姑，不结婚了。

可18岁那年，有个大我16岁的男人娶了我，他没嫌弃我，对我一直很好。结了婚我就不管了，脸就这么让它亮着。有时候有人紧盯着看，我说你看啥子嘛？有个什么看头！

有些人不晓得原因，说："那个人是不是不乖，被别人划了脸。"听到这种话，我哭了几天，我想我怎么这么惨，当时倒是炸死了还好一些。

我是七月初一遭炸的，住院几天之后，七月初九，我们在磁器口吴家院的家就被燃烧弹烧光了，那次整整轰炸了七天七夜。我妈、老汉（父亲）一件汗衫都没有，没有穿的，他们在露天坝上坐着，简直像难民一样。

我这一辈子，多年来都不照相，实在要照就侧着身子照半边脸。

没受伤前我不是现在这个样子，我生的几个娃娃，个个都是双眼皮、大眼睛，长得很漂亮的。

采访地点：重庆市沙坪坝区磁器口金蓉正街

采访后记

据说，赵孟蓉是磁器口街道上著名的"半边美人"，几乎人人皆知。美人，是因为她曾长得很漂亮；半边嘛，就不用说了。

我们在一间有些阴暗的砖木房底楼里采访了老人。外面，正是重庆8月的滚滚热浪，但室内，总觉得阵阵阴冷。

采访时，我一直有些不敢直视老人的脸，仿佛目光会刺伤她，虽然现在老人已经坦然，也早已不再用长发遮掩。

我也一直没有勇气举起相机对准她。但是，不拍下那张伤残的脸就是一个巨大的遗憾。我一直挣扎，直到采访快结束时，才抓住一个机会走到一旁按下了快门。

刘管如

86岁

我们家几辈人在重庆辛勤耕耘，到抗战爆发时，已经是富裕人家，在市中区棉絮街（现在的和平路附近）有一个占地600多平方米的大院、几十间房屋。

1939年“五四”大轰炸，我们住的大院被烧得精光，我便将妻子和女儿送到涪陵（涪陵，乌江汇入长江处一座秀丽的小城，位于从武汉、孝感、运城三个方向空袭重庆的日机航线交汇处，日机经常将由于各种原因没有投完的炸弹扔到涪陵）南门城外走马街罗家院子。罗家院子的主人是我姨父，叫罗应陶，是涪陵商会会长。罗家院子是涪陵当时最大的一个私人庄园，里面雕梁画栋、花园亭阁，建筑有中式、西式，层层叠叠，居高临下，非常气派。

1940年6月，这是一个让我终生难忘的日子。那天，日本飞机轰炸重庆后返航，途经涪陵，其中一架估计还有一枚炸弹没丢，他见罗家院子大、人多，就俯冲下来，对准院子投弹。

那枚炸弹，炸死了九人，有我的一个姓罗的姨妈（她脚断了，是当天晚上死的）、一个表弟、一个表妹、我妻子的一个兄弟，还有韩家的几个人。我妻子抱着出生才几十天的婴儿，同大家一样毫无准备，“轰”的一声，房子垮下来，婴儿被震到地上。她昏头昏脑，拔腿就跑，跑了一阵，才发现婴儿不见了，赶紧回去找。幸运得很，那个瓦角落下来架成一个棚，婴儿躺在上面，没有受伤。

年轻时的刘管如

但是，我三岁的大女儿不幸被弹片打中头部，满头鲜血。那时涪陵没什么好的医院，只有教会的一个牧师开了门诊。他们把她送到那儿后，赶紧给我打电话，当时我还不在涪陵，接到妻子的电话，心急火燎地赶回去。

第二天下午两点，我赶到涪陵，女儿头上的血已经洗干净。我叫她，她睁开眼睛，看了我一下，想叫爸爸，但没力，我眼泪一下子就涌出来。我虽然一声声叫她，但还是没能叫回她的生命，第三天，她永远闭上了眼睛。她叫祖逸，才三岁呀，生命才刚刚开始！

血海深仇呀，血海深仇！

保姆在她头发里发现了那块炸弹碎片，60 年来，我一直保存着那块弹片，一直把它带在身边。我忘不了，也不会忘记是它夺去了我女儿的生命。

祖逸只有一张照片，是在石桥铺外边竹林里照的，那照片现在还在……

向日本索赔？难！前几年北碚有个姓王的组织受害者索赔，但毫无结果。况且，鲜活的生命也无法用钱来赔偿。我只想让我们子孙后代了解并记住，日本人曾那么残暴地对待中国老百姓，根本不把中国人当人。

采访地点：重庆市九龙坡区杨家坪电力大厦

采访后记

刘管如老人经历了整个重庆大轰炸，从日机第一次轰炸重庆到“五三”“五四”大轰炸；从“疲劳轰炸”到大隧道惨案，他都是亲历者和目睹者。其中最深的伤痛是他女儿祖逸之死。

60 年过去了，讲到当年的那一幕，他仍然声音发颤、手发抖。

他从贴胸的衣袋里，掏出一个白布包裹的小包，用苍老的手指一层层打开。

里面露出一块破碎的弹片。他用两个指头夹起弹片，手一抖，弹片“叮当”一声落在地上。

房间里弥漫着一种悲凉的压抑感。

眼下，听得很多就是：不要老去提那些过去的伤痛，忘掉那些不愉快的事，这样才能活得快乐。

于是，我们似乎成了一个最“健忘”的民族。

刘管如老人说：“我忘不了，也不能忘……”

邓婉云

女，73 岁

5 月 3 日那天早上，母亲带我到外婆家去，外婆住在磁器口钟家院，我外公姓钟，是个老中医，很有名气。外公家里人很多，是个大家族。

听见飞机响，那些妇女还在天井看飞机，一架、两架、三架地数。我们把铺盖、棉被、枕头等搭在三张桌子上，大大小小都往桌子下钻，几个老年人没钻，合着双手念念有词地求神灵保佑。我躲在桌子下，妈搂着我，也没觉得害怕。不一会儿，只听见“咚咚”两声，房子“轰”地一声就垮下来。我们被埋在里面，那个气味呛鼻子、呛喉咙，难受得不得了！二姨爹说赶快挖洞钻出去。我们从废墟中爬出来，眼前的景象把我吓呆了！

外公漂亮的大院子变成一堆破破烂烂的砖瓦和横七竖八的屋梁！地上到处躺着人！我姨妈是个孕妇，马上就要临盆，只见她浑身是血躺在地上，已经没气了。五姑婆的肚子破裂，肠子都被炸出来了，当场断了气。我妈的一个堂姐，姓沈，双脚被炸断，正趴在一根倒下的屋梁上哭。舅妈断了一条腿，鲜血直往外涌，她怀了四个月的身孕，但当时没死。我妈的右胸被打了一个胡豆大的小洞，是啥东西打的也不晓得。正在求神的四姑婆被一块飞来的弹片把她合拢的双手齐齐切断了八个手指。医院根本就没去，路上过不了，一片混乱。我只晓得哭。

少年邓婉云

那次轰炸，我家共死了七口人，加上肚子里的两个，是九个。七口棺材，一起出殡！我姨妈肚子大，棺材盖子盖不下去。我最伤心的就是姨妈的死，她最喜欢我、疼我，我的名字就是她取的。解放后我觉得婉云这两个字不好，曾想改，但终究没改，就是为了纪念她。

那次轰炸，我外公虽然幸免于难，但家毁了、人亡了，他不久也去世了。

我爸爸把我们接到南岸。但不到一个月，我们在道门口太华楼的家又被燃烧弹烧光，爸爸工作的单位也被炸毁。我们只能租房子住。没过几个月，租住的家又被炸了。妈妈成天哭啊哭，没两年就去世了，她死时才40岁。

有一次七天七夜没有解除警报。我跟我祖母就躲在南岸那个防空洞，晚上都待在里面，饭是爸爸给我们送下来的。我们躲的防空洞是一个马蹄形，从这边进去，从那边弯着出来。一次，一颗炸弹丢在门口，那个硫磺烟子好呛人！我们全部往里头倒，衣服被踩得噗噗响，我的脚没有放处，只好放在凳子底下，结果被压青了。

本该是最美好的童年时光，就是这样过来的。我精神上受到很大刺激，只要一听到警报，我就吓得肚子痛，要去上厕所，从此落下了一个“音响恐惧症”。多年来，我睡不好觉，神经衰弱。不要说听见警报声、打雷声，就是突然门铃响、电话响甚至电视转换频道都受不了……总之，只要是突然发出的响声，我就会受惊，肚子也会一阵阵地痛。

日本人害死人，我不晓得哪个（怎么）说他们才好。我们平平安安、幸幸福福的家，一下子都毁了。

采访地点：重庆市渝中区水市巷

采访后记

七星岗是渝中区十分繁华的地段，然而，在繁华的背后，有一条陈旧而幽静的小巷。步入这条小巷，一下子脱离了都市的喧嚣，仿佛进入了我小时候熟悉的、古旧而清幽的环境。

在一栋低矮的二层楼房里，70多岁的邓婉云老人正急切地等待着我的到来。老人是一个知识女性，又出生于一个书香大家，言谈举止自有一份优雅。但是，她眉宇间隐含着一种悲苦，一种根深蒂固、无法消除的悲苦。

“五三”大轰炸过去60余年了，然而，在向一个陌生人谈到当年那一幕时，她哽咽失声，泪流满面，仿佛她是在述说一幕刚刚发生的悲剧。

老人说，她急切地盼我来，是因为这段往事几十年来从来没人关注。她还告诉我，她以前不住这儿，但为了避开汽车喇叭声，她搬到了这个虽然破旧但安静的小巷。

“我害怕突然的声音……”

“我害怕突然的声音，一受惊我就要发病……”老人说。

董德芳

女，74 岁

1940 年，我 13 岁，住在重庆南岸丁家嘴。

那年的农历七月初六，我正同邻居熊小妹在屋外踢毽子玩，一群飞机像老鹰一样飞来。我抬起头来数，一架、两架、三架……正在数，两个长乎乎的东西掉下来。“轰”的一声，我后边几个人一下子倒下了，我被垮下的土墙掩埋了。

人们把我挖出来，我人是昏的，燃烧弹一烧起来，四周全是烟，其他东西都看不见，就看见那黑的烟雾。我站起身，觉得脚不对劲，用手一抹，满手是血，低头一看，小腿上一大块肉被撕开吊起，看见光的骨头。还有，从我右额到脸上裂开一个大口子，血直往外涌。熊小妹的家不见了，熊小妹也不见了。下面的黄桷树上挂着一些断肢。

我爸爸妈妈赶紧把我抬到设在南岸三公里半的第九重伤医院。在那儿，我看到好多伤员。有一个孕妇，肚子被炸开，胎儿都露在外面，吓人得很。医院里死的人也很多，每天都有被抬出去的尸体。在医院，我只要听说飞机来了就怕得要死，我喊他们把我抬到凉板底下，上面盖上棉絮。我在医院住了半年，医生本来要锯我的脚，我妈妈不准，说我以后还要嫁人。结果我的脚还是残了。从医院出来，我成了残疾，面相也破了。我爸爸是打金银首饰的匠人，炸弹毁了房子，也毁了生计。本来兴旺的丁家嘴一片萧条，我们生活没有了来源；我的脸伤成这样子，脚又残，嫁给别人怕也没人要，我爸爸妈妈又急又气。我从医院出来才半年多，他们双双死了。我还有个哥哥，比我大两岁，他看到家毁人亡，妹妹又是残疾，着急得神经错乱，发了疯，从此疯疯癫癫，一个人过了一辈子，前几年去世了。

我没法生活，只好去给人当丫头，走不动，就扶着一个木凳移来移去。人家可怜我，给我一口饭吃，我才活了下来。

那次丁家嘴被炸死多少人我不清楚，我只晓得熊小妹一家八口人全都没了，她的哥、姐，还有姐的孩子，父亲、母亲都被炸死，尸体都没了，连那黄桷树上都挂着人的脚。熊小妹同我最要好，是我最好的小伙伴。轰炸中我幺姨妈的儿子申中文也被埋在那下边，后来被掏出来，像一块焦炭似的蜷在一块，棺材都装不进。他只差一个月就结婚了，客人都请了。他的死把我幺姨妈的眼睛都气瞎了。

那次大轰炸，就我活了下来，其他人都死了。

采访地点：重庆市南岸区杨子江饭店附近

采访后记

董婆婆当年遭炸的丁家嘴，离我出生和成长的地方很近。我小时候，也不时到丁家嘴玩耍。但我不知道，这儿曾经发生过这么惨烈的一幕。

董婆婆仍然住在南岸，就在离丁家嘴不远的地方。这儿，仿佛是被高速膨胀的城市所遗忘的一个小角落，房屋破旧，街道冷清。

董婆婆就住在一间破旧的砖房里，每日支着拐杖，一瘸一拐地在阴暗的房间里走来走去。同千千万万大轰炸受害者一样，她几十年来没有获得任何赔偿和补偿。

重庆吊脚楼（戴前锋摄）

杨鸿年

天津市民，流亡重庆难民，86 岁

当年的杨鸿年与妻子

我一路逃亡来到了重庆，在市中区太平门普安巷印《大公报》。

初来重庆，我很不习惯，从船上一下来，上岸就是河沙，走一步就陷下去了，人必须得快走。尤其是爬坡不习惯，到处梯梯坎坎。还有，重庆住捆绑房子、竹子搭的房子，住在里面响得很。我住的阁子楼房子，是在太平门的阁楼房子底下用竹子砌起来，踩着非常响。我们花两块钱租一个小房子，八面透风。我的工作在南岸海棠溪，后来我们搬到海棠溪，那里的房子也是八面透风。我儿子就是在八面透风的房子中出生的，邻居来帮忙，在屋里就地生火。当时说停电就停电，也没有自来水，得到河里去挑水。由于电力不足，灯火是红色而不是白色的。家家都点桐油灯，两根灯草，放在碗里边。桐油灯太暗，我的眼睛就是那个时候坏的，因为我很喜欢看书看报。吃的还行，那时候重庆菜不是现在这个样子，川菜也很好，不像现在这么麻辣，把别的味道都弄没了。

过年的时候是雾季，雾气沉沉的。于是演话剧，那个时候话剧有市场。每年一到雾季戏剧院都上演话剧。四川人是唱川戏，大多数都在茶馆里，四川人叫它“打玩意儿”。演戏剧的主要是下江人，那时京剧团、山东实验剧院、越剧团都到了重庆。著名演员白杨、张瑞芳等都在重庆。1938 年 10 月，在重庆举行了第一届戏剧年会，各个剧团宣传队都排出节目参演，我也参加过排练，演打鬼子的戏剧。同场演出的有戏剧学院、音乐学院、业余学会，有些人我还认识。那时票价不高，一般人都负担得起。

那些年，天上飞机隆隆，茶馆却照样旺盛。重庆人很淡定，毫不心慌。他们在茶馆打锣鼓、唱戏，很是热闹。尤其是那些唱打金钱板的，把板子打来打去，挖苦日本人，说日本人是改良人种。

那时怎么办结婚呢？我们报纸帮着办，叫“抗战夫妻”。两个逃难人相爱了，要结婚，怎么办？就登个报，写一句：“抗战期间一切从简，特此敬告诸亲友。”也没有结婚证，什么酒席、喜糖都没有。登报后，把报纸剪一条寄到家里，这就算正式结婚，结成抗战夫妻。

我的头衔很多，既是北平饭店（在七星岗）站台的站台老大，负责招待客人；又是中国新闻通讯社的记者。我取得了防空司令部的防空通行证，可以在空袭时在防空洞外面走动。所以，大隧道惨案发生那天我没有进洞，我就在洞门口，所以幸免于难。

1938 年 2 月，日本人第一次炸朝天门，我们正在筹备演“上海屋檐下”。那次轰炸，把重庆震惊了。

1939 年“五三”“五四”轰炸把重庆炸惨了，我们报馆也被炸了。那时印报纸是用滚筒，我就躲在滚筒子里头，房子炸下来我身体没受影响，只是心里震得慌。当天街上大火连天，我们好多同事都不见了，大家你找我我找你，找到天黑还没找全。报馆的排字房也被炸了，第二天天一亮，报馆下令集中到沙坪坝南开中学。

几家报纸都停了，比如《中央日报》《时事新报》，还有重庆当地的报纸。《大公报》是中立的，比较受各界敬仰，广告又多，实力比较强，但也停了。大家只有联合办报。

那次轰炸还有一件事我记忆很深。那天我上夜班，有一个同事姓王，湖北人，是个电工。他说，在重庆没看到什么好的东西，就是重庆的棺材做得好。我们就开玩笑说：“你明天带一个走吧。”第二天轰炸，我们都没出去，就他出去了，他跑到邮局（在太平门），一颗炸弹把他炸死了！

采访地点：重庆市沙坪坝区沙正街木粉巷

背景资料

“五三”“五四”的轰炸，使京、沪、津、宁、汉等地汇集重庆的多家报社毁损严重。5 月 6 日，由《中央日报》《新华日报》《大公报》《新蜀报》《商务日报》《西南日报》《时事新报》《国民公报》《扫荡报》和《新民报》十家报社参加的《重庆各报联合版》出版了。

“联合版”只维持了三个多月，但它是中国有报以来唯一一张由不同党派、不同政见、不同办报宗旨的报社之间共同合作的“联合版”，是大轰炸下国共两党以及其他党派、团体之间一次特殊的合作。

刘管如

86 岁

重庆的轰炸是从1938年2月开始的，当时我正在打铜街的银行取款，爆炸声震耳欲聋。

轰炸后，重庆人能找亲戚朋友的，就接二连三地朝郊区疏散。那时由城里的通远门，喊一个轿子抬到石桥铺，要500块钱，价钱涨了五倍。

重庆城的人搬走了不少，但是下江来的难民又填进来。所谓下江人，不仅有江浙人，还有东北和全国各地的。

原来重庆没有女的出门买菜，可是下江人的女的都自个儿出来买菜、买小吃。重庆人早上原来不习惯吃稀饭、花卷、馒头这些，早上都是吃干饭。早上吃早点，是下江人带来的。臭豆腐、烧饼都是下江人搞来的，现在的冠生园，也是下江人来了以后才有的。还有李家沱那个毛纺厂也是下江人搞来的。他们能租房的就租房，没房子就租铺面，再没有就摆摊子。

20 岁时的刘管如

重庆是一个山城，好打防空洞，下江人觉得有防空洞躲，能安全一点儿。虽然日本人常来炸，但是我们的防空洞逐渐完善了。重庆防空洞的标语叫：炸陪都龙盘虎踞，防空洞天造地设。

采访地点：重庆市九龙坡区杨家坪电力大厦

张炳全

80 岁

我是合川乡下的人，小时候随我娘改嫁到新家。在新家我受虐待，没饭吃，姐姐偷偷拿给我吃。继父经常把我捆起来打，还把我甩到粪坑里，是母亲一次次把我救出来。

我十几岁时到重庆找生活。我帮人打杂，干了三年，没有工资，只管吃饭。我有个亲戚对我说："恁个嘛，到红十字会去干，一个月五块钱，另包三块钱的伙食。"我一听很高兴，就到红十字会当了工友。

轰炸期间，我们几个人就干抬、埋尸体的活儿。医院里死了人，我们抬出去埋；外面死了人，我们也埋。没有固定的埋葬地点。有一次一个简易防空洞被炸（现水泥厂后面），人全死了，我们跑去用钉耙把人抓出来，再用铁钩就地挖个坑就把他们埋了，没有棺材。

红十字会要救济平民百姓，在街上设点免费给人看病、施药；在菜园坝、朝天门、临江门等地搭起施粥棚，粥是免费的。

红十字会总部设在两路口，我们住在总部，晚上睡桌子，白天就把铺盖卷起放在楼梯脚。有一次，我两天前才买的鞋子不见了，后来发现是被耗子拖走了。我把鞋子拿到鞋匠那里去修，鞋匠说："耗子拖鞋子是喊你走哟！"那意思是说不能待在总部里，得离开。

几天后日机来轰炸，我们出去救人。正在忙碌时，听说总部被炸了，我们慌忙赶回来，房子已经被炸垮了。我们从里面挖出三个人：两个会长和一个工友。他们都被炸死了。

红十字会被炸后，我们搬到奎星楼，在那儿又被炸了，最后搬到南岸黄桷垭。

背景资料

1940 年，日军"101 号作战"

"101 号作战"指日本侵华陆海军航空部队对中国抗战后方进行的航空作战，从 5 月中旬起，共约 3 个月。这是日军对重庆及其周边地区实施的世界战争史上规模最大、范围最广、时间最长的战略轰炸，其轰炸目标更是包括一切市政设施和民房。

五年半中最猛烈的轰炸

“101号作战”使重庆遭受了空前的灾难。

1940年8月19、20日两天，日军共出动289架飞机对重庆市区进行了毁灭性的轰炸。这两天，日军投下大量燃烧弹和新型凝固汽油弹，加之天气炎热，火势愈来愈猛，根本无法扑救，市区陷入一片火海之中。这两天的轰炸是日军在整个抗战时期对重庆实施的最为猛烈的轰炸，远超过1939年的“五三”“五四”大轰炸。

轰炸后，重庆街道已无法辨认，巴县县城仅残留五分之一。只是由于重庆人民在反轰炸中积累了经验，有效地进行了人员疏散，改善了防空设施，才避免了遭受像“五三”“五四”轰炸那样惨重的人员死伤，然而房屋财产等遭到了空前严重的破坏。

据《重庆市防空志》统计，1940年日机空袭重庆（含对空监视地区）80次，出动飞机191批4 727架次；投弹9 553枚，其中爆炸弹8 190枚、燃烧弹1 363枚；人员伤亡9 643人，其中死亡4 232人，重伤5 411人，损毁房屋6 955栋，计22 192间。

遭轰炸后的重庆城区

王培基

周素华之夫

大轰炸期间，我当学徒，老板是做桐油生意的。桐子树上结的果实打成油，就叫桐油。那时有专门的榨坊，收桐子来打桐油。我们老板去榨坊买桐油，然后担到重庆来卖。桐油的主要用途是照明，也可以漆东西，如很多木船都要用桐油来漆。

那时候的老百姓都很苦，我们卖桐油很费力，老板本钱也不大，用人力挑着，翻越黄桷垭，90 华里全靠肩挑。

日本第一次轰炸木洞我就碰到了，印象很深。我们几个运几挑桐油，在木货街一家杂货店卖了，正在算账，空袭警报来了，但是为了算账，我们几个没来得及跑。一会儿拉紧急警报我们就走不了了。杂货店老板叫朱荣峰，他婆娘说，她楼上还有一些红薯，可以拿来下酒。我们想，管它的呢，炸死就算了！我们用很大一个碗盛酒喝！

天上飞机“轰轰轰”、“咚咚咚”，不一会儿又是机关枪，很是吓人。朱荣峰老婆哭起来，我们年轻，没哭，心想就算哭了，要遭（炸）还是要遭（炸）。

觉得过了很久，忽然听见有人在叫：“日本飞机走了！”我们走出来，一眼就看见一个人坐在轿子上，满脸全是血，只有两个眼睛没血。这一下我才吓惨了，心想，如果我遭炸了，可能就是这个样子。

有一次我们从道门口准备回木洞，肚子饿了，就对卖小面的说：“快点煮碗小面来吃。”小面 400 钱一碗，就是两个铜板。面还没煮熟，飞机又来了！我刷地一把抓起钱就开跑，跑到东水门河边去扒小木船。人挤呀，大家都想逃命，有的人蹚水都没追上船。过了河我们拼命跑，从龙门浩到黄桷垭，山坡很陡，跑得全身发硬都不知道累。警报解除后，我们瘫倒在地，半天起不来。

那个空袭警报声音很凄惨。后来我们经常说，一听到这个声音感觉就要死人了。

采访地点：重庆市渝中区朝千路

李肇蔚

1941 年的一个晚上，日本飞机夜袭重庆白市驿机场。我跑到屋外，趴在一块坡地上。

日机投下照明弹，地面上我方也打出了探照灯，接着响起隆隆的高射炮声。这个时候，一群日机从我们头上掠过，炸弹落下来，30 多个躲在机场两侧修机场的民工中弹，没有一个幸存。巨大的震动和气浪把我从坡上掀下来，摔在下面的麦田里，幸好没有受伤。接下来的几天中，每天都有死难民工的家属来到机场，他们老老小小围着尸体痛哭，那个哭声十分凄惨。

我的另一次死里逃生是在 1943 年 8 月 23 日。那天，我走在市郊高滩岩街上，空袭警报响了。我逃到马路边上一个小山岩壁洞里躲了起来。一队日本飞机从江北方向飞来，几颗炸弹落在马家岩附近。紧接着，我看见一颗炸弹正冲着高滩岩街上落下。这颗炸弹爆炸的地方原有三家铺子，铺子对面有一间流动小木屋，是由从沦陷区逃到重庆的同胞开的夫妻店，卖香烟糖果。“轰”的一声爆炸后，浓烟直冲上空，火药味十分呛人。

硝烟散去后，我跑下去看，茶馆里凡是没出去躲的人，非死即伤。其中一个叫刘华庭的死者我认识，他的头被弹片削去一大半，当场死亡。木屋被炸得粉碎，地上散落的木块还在燃烧。男主人被炸死，横躺在公路上。女主人受了重伤，她和其他伤员一起，被驻在新桥的国民党军委会后勤部军医署的人抬去抢救。

这两次轰炸我都侥幸逃过，但目睹了我们同胞被炸死的惨状。

胡桂兰

当年南京市民，流亡重庆难民，女，80 岁

我是南京人，爸爸和哥哥都在京浦铁路所属的船上工作，父亲是大副，哥哥是水手。那天，我爸爸从船上回来，说上海失守了，要赶快走。全家人（妈妈、哥哥、嫂嫂、三个侄儿和我）只拿了一些换洗衣服，就跟着爸爸的船跑到汉口了。

我们最初在武汉安顿下来，住在一个趸船上。没料到日本飞机炸武汉炸得凶得很。一天，我和哥哥上街去打酱油，日本飞机来了，炸死了大片人。我那时才 16 岁，怕得要死，双手抱住头，闭上眼睛，和哥哥躲在一个弹坑里，酱油也不要了。空袭后，我们赶到江边，发现家人住的那条船不见了，我一下骇得大哭。这个时候有很多士兵过江，我们跟着他们挤上另一条趸船，竟无意中在这儿发现了妈妈！妈妈见到我们，放声大哭，只一天的时间，她脸急都急肿了。

武汉待不下去了，我们又乘船往内地走。先到长沙，在长沙住了几天，上来一个国民党军官和其他一些人。我们船小，吃不住，军官把我们的行李全部扔到水里。他说带我们人逃命就不错了。就这样，我们全家七口人一无所有地到了重庆。

在重庆我们举目无亲，又没有钱，在江北一个很差的房子住下。我习惯南京的生活，我最想的就是南京。我不习惯吃海椒，那些魔芋、侧耳根我都不吃，当然现在我习惯了。

嫂嫂生了三个儿子，最小的还在吃奶，她负担大。为了减轻负担，逃难的路上她就想把我嫁出去。到了重庆，她赶紧找了个水手把我嫁给他。我才 16 岁，又没文化，根本不懂什么叫嫁人。我想跑，但人生地不熟，又舍不得妈。就这样，我磕了个头，就算嫁了人，没有嫁妆，也没坐轿子。

日本飞机后来炸到重庆来了，我看见日本人的飞机就害怕，从汉口到重庆一路上吓坏了。

原来的朝天门挺好，结果一炸就烧起来，从这条街烧到那条街，还烧到河里的趸船上去了。人们被烧得往水里跳，死了好多人。跟我们一路的有一个妹子，她胆子大，拖着我四处看，而我吓得直哆嗦。

我们到重庆刚刚两个月，就遇上了轰炸。那天我们搬到一个大堂屋才三天，日机就来了。屋里只有两张桌子，我嫂嫂抱着老二同一个大副的老婆躲在一张桌子下，我和大副的女儿躲在另一张桌子下，妈妈和哥哥没地方躲，每人抱一个孩子坐在椅子上。只听见“轰”的一声，我被震昏，一开始我以为我死了，后来恍恍惚惚听见妈妈的声音才知道自己没死。躲在另一张桌子下的嫂嫂和侄儿等三人全被炸死，嫂嫂的脑浆都被炸出来了。我们幸存的人赶快搬家，逃到一个比较偏僻的地方。

远在长沙的父亲听说儿媳和孙子被炸死，一气之下脑溢血，很快就死了。父亲死后，靠他生活的婆婆和小妈没了依靠，兵荒马乱，死在哪儿都不知道。我曾把婆婆的像一直提着，结果不知道怎么的，跑着跑着就掉了。

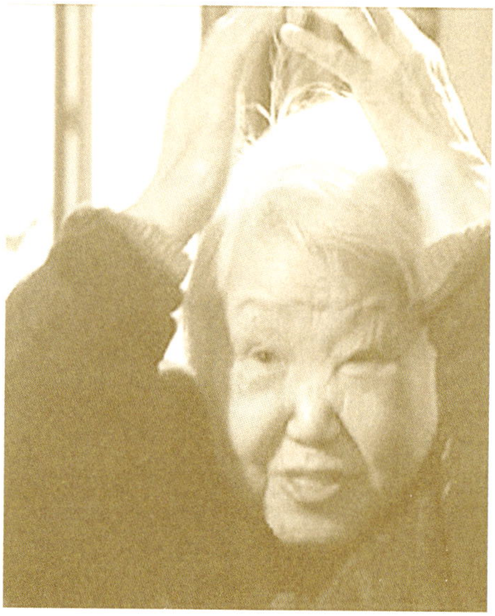

骇得把头这样抱着

嫂嫂死后，她最小的儿子才9个月，没奶吃。哥哥跟船在江上跑，而我那个水手丈夫又赌又嫖又抽鸦片，完全不顾家，没两年就死了。空袭一来，我抱一个拖一个，还要抱着换洗衣服，还要照顾小脚母亲，那个慌张和惊惶说不出来。我们动作慢，还没跑进防空洞，就看到有颗炸弹长甩甩地往下掉。我吓晕了，没感觉了，就把头抱住，一边叫侄儿别哭。先躲起来的人还在那儿吼，怕我们把飞机引来。我记得我们躲在一片坟地里，看到机关枪把人的肠子都打出来。我骇得要死，抱着头，恨不得钻到坟里去，但是我又怕坟里的死人，那个滋味实在太难受。

小侄儿没活多久就死了，后来哥哥又从船上掉下去淹死了，他怎么掉下去的一直不清楚，我和妈妈沿江找了好久都没找到尸体。当时我们在重庆举目无亲，无助得很。

我们一家只剩下了我妈、我和我大侄儿（6 岁），我们没有任何经济来源，我给人打毛线、扎拖鞋花，凭针线活儿挣点儿生活费。我母亲包肥皂挣点钱，她是最苦的，她抱给人家当童养媳，煮饭的时候，还要拿石头垫着脚。后来，有个老板娘看我老实，人不错，就叫我帮她带小孩，帮她守屋。

在抗战期间，自 1937 年从南京老家逃难开始，短短几年，我一家十口人陆陆续续死了七口。那些年，我眼睛都哭肿了。多年来，我经常想起我的亲人，也常常梦见他们。

采访地点：重庆市渝中区地母亭小区

饶文忠

78 岁

我是四川资中人，16 岁那年，一个伯伯带我到重庆当学徒。我刚来时，对一切都很好奇，看到牙膏、牙刷，不知是什么东西。我当了一年学徒后，在储奇门做小生意，后来生意赔本了，我就挑水卖。从江边到储奇门十字路口，每一挑水 1 个铜板（11 个铜板一毛钱）。1937 年，我考入上海在重庆办的一家袜子厂——“景绲渝衫袜厂”当熨衣工人。

1938 年农历十一月十五日，一颗炸弹炸到朝天门信义街二门洞，我数了一下，炸死三十六七个人，那地方当时是个搬运站，炸死的都是搬运工人。我这个人胆子小，当场被吓瘫了。

抗战时，重庆有几个群众组织：国民兵团、义务警察、救护队（防护团）。我是义务警察，从 1938 年到 1939 年，干了两年。

这三个组织都是群众组织，参加的人主要是普通员工，最多的是店员、工人、学徒。每天早上由派出所的人来带领我们练操，操练后再各自回自己的单位。我是义务警察，星期一、三、五去，没有工资。平常发单衣，冬天发棉衣，老百姓觉得有衣服穿，就愿意去。服装与正式警察的一样，区别在于帽子：正式警察帽徽是“警”字，我们是“义”字。

义务警察要站岗，每次一两个钟头（上午或下午），协助警察管理交通，叫行人靠边走。轰炸时我们要去抢救伤员，1939 年五四路被炸的时候，我去拖了三次伤员，拖出来后把他们背到医院。

1940 年七八月份，我在两路口帮师兄当店员。南区马路边有防空洞，那里远远就能看见飞机从桐元局那边飞过来。有次飞机没从桐元局那边来，而是从我们的后方飞过来，临头了我们才发现。师兄大喊一声“跑哟！”我们赶紧跑，跑到防空洞发现洞子里已挤满了人。我看到洞门口有块大石头，石头底下有条缝，我赶紧躲进大石头底下，拼命往里挤。

一颗炸弹就在洞口边爆炸。我感到脚被烫了一下，是洞边的水被炸烫了溅到了我的脚上。飞机走后，我爬出来一看，洞子边的人死了几十个。

“六五”那天，我到朋友那里去耍，结果下午四五点钟挂起了球（一种防空警报）。我本打算去十八梯躲，觉得那里挖得深，保险。朋友劝我说：“你就在这里躲嘛，我们局长都在这里躲，你的命比我们局长的命还值钱？”于是我就留了下来。

警报到晚上一点多钟才解除。当时市政府有个规定，如果每晚十二点后解除警报，第二天就不上班，所以，第二天我起得比较晚。我起来后在外面吃油条豆浆，听说了大隧道闷死了很多人，我赶紧跑去看。（搬死尸的）防护团、国民兵团、义务警察的人都有。死的人不管男的女的，大人两个人拖，一人拉一个膀子，小娃儿一只手提一个，拉出来后甩在卡车上，拉到朝天门。好多人的衣服都没得了，那场面惨不忍睹！

采访地点：重庆市江北区石马河老街

背景资料

1941 年“102 号作战”

鉴于 1939 年和 1940 年的大规模轰炸始终没有达到“以炸迫降”（迫使中国政府和人民屈服）的目的，日军在 1941 年对重庆实施了“第三次战略轰炸”。

疲劳轰炸

这一次日机改变了战术，不以大量兵力一次性大规模轰炸，而是以少量飞机轮流进行长时间、连续性的疲劳轰炸，以及夜间突袭的“月光轰炸”。以此迫使重庆市民长时间困在防空洞里无法生产和生活，从而使国民政府抗战首都陷于瘫痪，以达到“以轰炸造成恐怖，因恐怖而崩溃投降”的战略目的。

在 8 月 8 日到 14 日，日机曾连续 7 天 7 夜对重庆轰炸，每次间隔 6 小时，投弹 2 000 余枚，轰炸的强度和密度达到了 1941 年的最高峰。

就是在这种“疲劳轰炸”期间，造成了上千人死亡的“大隧道惨案”。

明定重庆为陪都

1940 年 9 月 6 日，国民政府发布《国民政府令》，正式颁令“明定重庆为陪都”“还都以后，重庆将永久成为中国之陪都”，既明确了重庆担负“战时首都”的法律地位，也宣示了即使还都南京后，重庆作为陪都的地位也不会改变，即“永久陪都”。

周明礼

女，71 岁

我的童年经历了那场大轰炸之后，从此害怕战争，只要一提到“战争”这两个字就紧张。战争来了最受苦的是老百姓。

我是老重庆人，一辈子没有离开过重庆。大轰炸开始时，我还不到 10 岁。我们住在市中区下曾家岩。那一带是贫民区，都是当天找食当天吃，没有办法往外跑。我家靠卖香蜡纸烛为生，日子勉强过得去。我刚读完小学二年级，家就被炸了。下曾家岩地区全部被炸，那些房子原本就不经炸，转眼就变成了一片废墟。我们家没人被炸死，但很快我们那一带一个接一个的人都得了伤寒。我和我妈都病倒了，没钱进医院，我妈死了，我算命大的，活了下来。

家毁人亡之后，日子更艰难，我只好停学，每天出去背红薯、橘子卖，还要经常跑警报，常常一天吃不上一顿饭。后来实在没办法，我不得不到南岸裕华厂当了童工，那年我才 13 岁。

从此，我再没进过学校，大轰炸断送了我在教室上课的日子，我这辈子就只读了两年小学。

周素华

女，78 岁

我是独女，妈妈又死得早，我和父亲相依为命。父亲靠卖开水米花糖为生，日子过得紧巴巴。

在一次轰炸中，我们的房子被烧了，望龙门那一带整个都被烧了。我们就搬到南岸上新街去住。后来日本飞机来得越来越勤，常常一天一夜、三天三夜不解除警报，最严重的时候，七天七夜没解除。我在厂里躲飞机时，父亲一个人在家，我担心他，成天提心吊胆，不知道他能不能活着出来。

最让我刻骨铭心的是 1939 年上半年的那次遭遇。那些天我到南岸躲空袭，父亲晚上要卖开水米花糖，没去躲。晚上市中区被炸，死了很多人，东水门发生踩踏，死了很多人。我父亲通常都在那一带叫卖，我又急又怕。第二天一早我从南岸坐木船过江，在朝天门上岸。刚一下船，就看见沙嘴滩下摆满了死人。一边放东水门被踩死的人，一边放被炸死、烧死的人。被烧了的，两三个人堆放在一块；没被烧过的，就是一个人一块。许多人都在死人堆里寻找亲人，沙滩上人头攒动，一片喊声、哭声。

“妈呀，怎么办呀？”我边哭边在尸体中走来走去找我父亲，当时也不晓得害怕，心里想，要是爸爸死了我怎么办？我只有他一个亲人，我还活不活得下去？我找完后，没发现我爸。我碰到认识的人，就问：“看见我爸爸没有？”后来有个人冲我喊：“周家妹，周家妹，不要找了，你爸爸在屋头！”我一听说爸爸还活着，浑身一软，一下子坐倒在死人旁边，再也走不动。解放后我看电影《赵一曼》，看见日本人杀中国人，也是吓得浑身发软，走不动了。

后来我回想起这些，还怕得发抖，当时我哪来那么大的胆子，在血淋淋的、焦黑的尸体中寻找我爸？

采访地点：重庆市渝中区朝千路

张仲斌

72 岁

我6岁时，父亲死了，我妈带我从南川走了四天到重庆来做保姆。我妈在交通部一个秘书家当保姆，主人很善良，同意我去跟吃跟住。

码头上人来人往很热闹，农村的人头上绑个白帕子；城里的公务员戴个帽子；学生穿青蓝二色，一眼就能分辨这几类人。住的除了棚棚房就是泥巴墙，或者用木头糊点报纸充当墙。

那时来了很多下江人，不少带着小娃娃，背起的、牵起的，两个、三个都有。也有在路上讨饭的。还有从北方逃难来的大学生，他们都拿着书报，一天到晚唱啊说啊，我们也听不懂。

市区的警报台设在王陵基的公馆，就是现在的枇杷山公园里。电厂被炸后，拉不出警报，就在汽车两边挂红布，弄个小警报器，“呜——呜——”地在街上到处跑。后来就在红球坝那里立个木杆，挂红灯笼。灯笼共三个，两红一绿。挂一个红的是预备警报，两个红的就是紧急警报。两个红的同时放下，就是敌机临头了。敌机走了，就又挂一个红灯笼。平安后，红的放下，绿的升上去。

有段时间敌机白天晚上都来，1942 年七八月份，有一次七天七夜都不解除警报。陪都空袭服务队的几个食品厂，就挑食品到防空洞去卖，面包、饼干、馒头都有。敌机还撒下传单，上面写“少做衣多做鞋，白天夜晚都要来”“炸不死就困死，困不死就饿死”等。

当时国家有专职消防队，穿警察服，有救火车。另一种叫义勇警察，就是每一条街都要组织群众做义勇消防队，衣服是老板出钱买的。他们穿黑衣服，脚上打白绑腿，戴个笋壳样的黑帽子救火。救火的工具比较简单，一根两米长的竹竿，有个勾勾和叉叉。还有一种震旦机器厂生产的人工摇的机器，四个人摇，把水压出去。

我所经历的最难忘的轰炸，是在市中区的南区公园。那一次，几百人躲在公园的树林里。南岸那边高射炮打得“嘭嘭嘭”的，好多人都在那个凉棚里看，却忘了留心飞机。飞机转眼间临头，丢下炸弹。有人大喊：“炸弹来了！”我和弟弟、妈妈赶快钻进洞子。“轰——”的一声，炸弹爆炸的气流把我们掀倒在地。妈妈问我炸着没有，我说不晓得，她问痛不痛，我说没有感觉。

我们爬起来一看，洞口直挺挺地摆着两个人。马路上，一辆汽车正在燃烧，火烧得呼呼的。汽车里的人烧焦了，空气像烧猪肉毛一样难闻。后来从汽车里拖出十二具尸体。被炸死的人中，老的少的男的女的都有，有的一家人都炸死了。树枝上到处挂着人肉，断手断脚四处都是。

上午 10 点多钟遭炸，下午政府组织人来收殓。那时人们比较团结，有防毒队、空袭服务队、防护团还有国民兵，都是义务服务。无人认领的、不成人形的那些尸体，就由服务队捡起来装在盐包子里，转个弯拖到现在的菜园坝去安葬，那里有很大一个坑，是个乱石坑。后来有个说法：“一个人吃个包子吃不够，三个人吃个包子吃不完。”说的就是装尸体的盐包子：一个完整的尸体装不下，而那些三四个人炸成块的肉，装在里面还装不满。

现场看到那么多被炸死的人，还有挂起的那些像街上卖猪肉那样的人肉，心里难过得很。尽管不是自己的家人，但看了真的是会哭的！

采访地点：重庆市南岸区四公里 183 号

吴维奇

女，76 岁

我 7 岁从内江坐黄包车到重庆，我们的丫丫（我们称父亲为丫丫）是做小生意的，卖豆乳和大头菜。我们租住的地方条件很差，我们用脸盆做一个灶，烧柴做饭吃。那墙是竹片做的，上面糊一点儿石灰。没多久，墙就倒下来，还砸着我了。我 8 岁的时候给人家当丫头，在枇杷山下面的神仙洞正街的公馆“鹤庐”里干活。“鹤庐”是重庆市一个姓张的市长的。那时候，我叫张友兰，跟着老爷姓。老爷还好，不打人。后来我又转到南岸的“静庐”，也是市长公馆。那些站岗的人都是下江人，隔壁开车的是湖北人，有很多下江人到重庆来，后来人越来越多。日本飞机开始轰炸重庆的时候，菜园坝的人拿起火把往乡下跑。炸得凶的时候，我们就打起火把跟着跑，到老鹰岩里边去躲。躲进去后我们就睡在里边、住在里边。

防空洞里面都有电，修得好的里面还有储藏室，有许多洞口。我也参加过打防空洞，飞机来了还要继续打，到处都在打防空洞。

在求精中学读书的时候，那些伤兵被送到求精中学礼堂。伤兵们有些没手指，有的没脚了，什么样的残疾人都有。警报来时，我们都要把他们抬到防空洞里。有次我们跑不及了，狗也叫，只得跑到粪坑里躲起来，飞机在上面飞，吓得我们直发抖，只能把耳朵堵上，求天老爷保佑。最后飞机飞走了，我们没被炸着，出来看见伤兵满地爬呀哭呀，惨得很。

那警报听起来很凄惨，呜——呜——，像哭似的。有一次，我母亲没来得及跑进防空洞，就躲在枇杷山公园那个墙里面，还有一个叫羌和玲的跟她躲在一起。那天，就在那防空洞门前，爆了一颗炸弹和一颗燃烧弹。那个燃烧弹就像烟囱似的冒烟，把防空洞的人都呛死了，只有一个姓邓的 19 岁的傻姑娘没死。我们的邻居有两三家全部死光了。和我妈在一起的羌和玲也被炸死了，我妈幸免于难。我妈哭啊，哭得止不住。

不知哪年，丢的燃烧弹把江面都烧起来了，过河掉到河里的人都被烧死了。

采访地点：重庆市南岸区四公里 135 号

刘贤清

女，69 岁

那时我们住在东水门和朝天门之间城墙边上的顺城街。我父亲做裁缝，他手艺很好，丝绸、皮子这些都会做。后来年纪大了，他就在我们那条街做副食品，卖酱油、米、豆子。

我们房子挨着城墙，城墙不是很高，有两米多高。城外是一些棚户，我们这个房子是三层穿斗房子，用几根大的圆柱子搭起来，中间用篾竿编起，再敷一点儿石灰。

房子是父亲租来的，然后我们又租给人家，二楼租给一家木匠夫妇，三楼租给一户姓张的人家。当时大家都很穷，但我们不是最穷的，最穷的是河边住的那些棚户，他们住的全是用篾竿搭起的房子，涨水时搬到我们上面来，大家挤在一块，水退了又搬回去。那时候生活非常艰难，只要能解决吃的问题就行了。

在望龙门那儿有个叫“心肺”的汤锅，里面放的油又麻又辣，上面就放几块心肺。心肺是一分还是两分钱一块。我们一般没人吃心肺，但那个时候，生活太苦，饿得没办法的时候，就去吃一块。有很多的苦力，从农村出来，就像现在的“棒棒”一样，他们又冷又饿，在最冷的时候，吃一块心肺也挺舒服。这些苦力死了好像也无所谓，被人用竹篾编的“竹席”一裹，从东水门抬出去，不知道甩在河边哪儿去了。我经常看见这一幕，但我胆小，看到抬死人来了，就赶快跑开。

朝天门码头到了冬天，尤其过年的时候，来了好些唱戏的、耍杂技的，拉了许多围围，我们孩子就偷偷钻进去看。我很想去上学，觉得一个妇女不上学就没有出路。可家里觉得女孩子只要认得钱就行了，以后反正都是别人家的人，嫁得出去就行了。我父亲不喜欢女孩，我六妹被送给农村的一个奶妈去带了，五妹给了城里的一个木匠师傅。

我那个时候对日本人很憎恨，但是对汉奸尤其憎恨。有人说汉奸用镜子向飞机发射信号，引导日本人来炸。所以当时大家的镜子都是藏起来的，或者把它反过来，就怕反光把日本的飞机引来了。

大隧道闷死人后，死人被运往朝天门。我跟着大家一起跑去看。车子下坡的时候，尸体掉了一个，被捡起来又甩上去。我害怕极了，把眼睛蒙上，但又想看，就留了一条缝。尸体好像堆了四堆，像木柴似的。我当时只有七八岁，看到这么多死人，不知什么原因，就觉得那一天我也非死不可。我就坐在门旁边等死，那个滋味很难受，我把门拴住，紧紧拴住。那一天真是度日如年。到了晚上，我才发现我不会死了，这才舒了一大口气。

那时有什么乐趣？打毽儿、跳绳、“修子儿”。“修子儿”就是在地上画框单脚踢石子儿。家里规定一双布鞋要穿两个月，我们“修子儿”的时候，就把鞋子脱了，打光脚，不然那个最磨鞋子。我还在王爷庙那儿领过一次布，像牛仔服，没有要钱，说是罗斯福发给我们的。

日本人投降后，我们再也不用被轰炸了，大家抱着跳着，敲锣打鼓，觉得什么忧愁都没有了。那是最快乐的时候。

采访地点：重庆市西南政法大学

背景资料

重庆大轰炸的性质——无差别轰炸

即不分军用、民用目标，同时把市民作为轰炸对象。包括学校、医院、教堂、外国驻华大使馆等，都成为侵华日军的轰炸目标。侵华日军还大量使用燃烧弹，致使以木结构为主的重庆市区建筑大部分被烧毁，损失巨大。

黄成法

武汉市民，流亡重庆难民，77 岁

我们逃亡到重庆后，觉得重庆生活很苦，没有武汉好。我就问，为什么要搬到这个穷地方来？父亲他们说，因为日本人打不到重庆来，山路不好走。后来我在巴县治平中学住读，慢慢习惯了。那时候，家里经济很困难，我喜欢踢足球，我妈妈说不行，因为踢球费鞋，我就脱了布鞋，光脚踢足球。不过在学校里，很多同学比我还苦。

我们先住在民生厂。民生厂在青草坝后面，它（日本飞机）可能是要炸船厂的船，所以经常来炸。一拉警报，我就把妈妈、妹妹送到山上一个小洞。当地人称小洞为蛮子洞，实际上是古时候少数民族住的。我不躲，我想看高射炮打飞机。炸得最凶的时候，我们在学校，就是黄山底下那个山边上，看得见飞机飞过头顶。

那次，我们学校放春假，春假是叫学生回去种春田，帮着做活儿，一共放三天。那三天，飞机天天都来。一拉警报，我就送妈妈、妹妹到上面的洞里，自己回来坐在屋里看书。飞机来了，我就去看打飞机。第一天、第二天都是这样。第三天，警报拉响后，一个叫张子庚的小邻居没去洞子，他说："法哥哥我跟你一块儿看飞机。"我说："那不行，我大，你小，出了事情，你妈妈要怪我。"于是我把他送到上面的洞里去了。

我们刚上去，飞机就临头了，炸弹下来，好近！我们的房子是捆绑式房子，是竹片相互捆在一块儿的，三层挨着，紧靠着山边。这一炸，房子全部垮了，成了废墟。

我赶快跑下去看，十几个人躺在地上，全部被炸死了。我妈妈以为我也被炸死了，当我跑上去，叫"妈，我在这儿！"时，她一下子就哭了。说来我这条命全靠张子庚，要不是送他出去，我的命运一定同地上那十几个人一样。

人虽然活着，可我们的家，还有好多人的家全被毁了。

采访地点：重庆市江北区溉澜溪船舶村

李漾清

79 岁

1937 年我 15 岁，从乐山出来找生活。那时宜宾考练习生，我去报考，500 人考中 40 余人，我是第一批。考中了要找铺保（担保），我找了个茶馆担保，人家不干。我去找主考官，他对我印象比较好，认为我的字写得不错，就把我录取了。但因为三年内不准请假回家，而我又想回家看妈妈，一气之下一走了之，来到重庆找工作。1939 年，我在来龙巷一个小作坊（合力协作社）里做玩具、当管理员，15 元一个月。5 月 4 日那天的轰炸，我只穿着内衣内裤逃出来，躲在沟沟门。督邮街人与人背挨背，走不动，全城火光冲天。我好不容易走到朝天门，人挤满了，都想过河。后来我挤上了趸船，过了江。那天晚上，我坐在弹子石江边的一块礁石上，看见市中区在燃烧。我冷得全身发抖，又没钱吃饭。

第二天我过江，光着脚走到新桥一个朋友家，他是补充兵团的副官。他把他的军服给我穿，但我穿起来不像。我又跑进城来，城里冷冷清清的也没多少人，我走到合力协作社，一看房子已经烧了，余火还在燃着，有一些人在废墟上掏挖。我也上前去掏，嘿！我运气好，居然掏到一条银元！那银元还很烫手。那时，女人穿旗袍、穿长丝袜，逃难时钱就放在长丝袜里面，腿如果被炸断，捡到腿就捡到钱，这种事经常有人遇到。那条银元共 57 个，这真是雪中送炭！就这样，我才买了衣服，有了饭吃。我还用这笔钱买了些小百货，拿到新桥去摆了个地摊。后来，我同几个朋友还合伙开了个铺子，取名“群众百货商店”，1939 年开 1940 年倒闭了。那时物价上涨，钱虽然赚了一堆，但马上就贬值。我无法进货，最后只剩下几块香皂。

我只得又进城，在大阳沟一个店里当店员卖化妆品。“六五”惨案发生后我跑去看，看见那些人被拖出来，像蒸笼里的馒头，热烘烘的，脸绯红，像吃了酒一样。一开始拿棺材装，棺材装完拿匣子装，匣子装完用草席包，草席包完了就直接撒上石灰。运尸体的大卡车运了三天三夜都没运完。

还有一次，我到湖南衡阳贩百货到重庆卖，那儿也炸得凶。有天轰炸后我去医院看病，看见地坝里伤员和死人睡在一处。医生说：“你还看啥子病呦？快来帮忙。”他要我帮忙按住那些伤员，然后他拿刀砍（不是手术刀，而是一般的刀）——直接往那些炸伤了的手杆、脚杆上砍，根本没什么麻药，伤员痛得昏死过去。我受不了，干了一阵就赶紧逃了。我恨死日本人了。

采访地点：重庆市渝中区南区路 106 号

王群生

65 岁

我 1935 年出生在日本东京，父亲是旅日华侨，在日本开了家诊所。抗战爆发后，父亲不愿在敌国当顺民，于 1937 年底带领全家回到中国。

我们全家从香港到武汉，又从武汉到了重庆。到重庆后，就遇上了大轰炸。在我记忆中，整个小学阶段不是念书，而是躲警报。躲警报时老师把我们带到山上去，一个班一个班分散躲藏。老师给我们讲了很多关于日本怎么侵略我们中国的内容，比如怎么霸占了我们的台湾，还给我们读课文："台湾糖，甜津津，甜在嘴里痛在心……"我们一边听这些课文，一边唱着抗日歌曲。

在重庆，我们家被炸毁了三次，我父亲在望龙门的诊所也被烧了。

我曾躲进无数个防空洞，小时候的记忆就是轰炸、血海、火海。我的整个童年就是在大轰炸的火海中度过的。

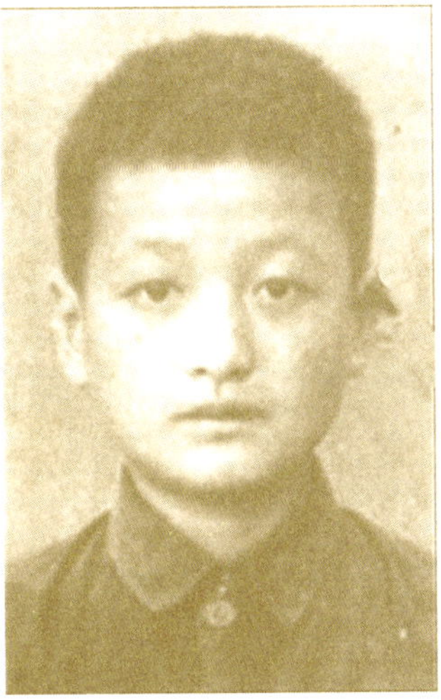

少年王群生

记得一次轰炸后，我们回家，走到那儿一看，整个一条街都没有了，全是一片断瓦残砾，而且火还在熊熊燃烧。除了我们，很多人也都还往那儿走，明明知道那儿已经没有家了，也没有任何东西了，可还是往那儿走，就是要去看看。

那天晚上天很冷，有一个卖盐茶鸡蛋的一看我们家被炸得什么都没有了，全家人在那儿哭，他就给我们盐茶蛋，但是不收我们的钱，在那个逃难的时候，什么都很困难呀！我现在还记得那个卖盐茶蛋的，这是我记忆里印象最深的一个人。我现在快七十岁了，如果他还活着，应当上百岁了。那个时候，我们的人民都非常好。

注：王群生是到摄制组来接受的采访，采访地点在重庆市南岸区南坪。

第五章 跑防空洞

防空警报器

在炸弹横飞、烈焰腾空的重庆，防空洞是人们躲避死亡的“诺亚方舟”。它庇护着从最高领袖到布衣难民的生命。

1938 年 8 月 1 日，被誉为“当时世界各国伟大的都市防空工程”的大隧道工程破土动工，拉开了重庆大挖防空洞的序幕。

到 1941 年底，重庆全市各类防空洞和防空工事总容量达 46.17 万人。这是数以万计的民工、石工们以最原始的工具，一锤一撬、挥洒血汗打出来的。以此对付当时世界上最凶残、最猛烈的大轰炸！

在“大轰炸”期间，重庆上空时常响起防空警报，老百姓“躲警报”“钻防空洞”几乎成为生活常态。

周素华

女，78岁

我现在常常给我孙儿讲，我们当年是活一天是一天，每天早上起来不晓得今天活不活得成。

我经历的第一次拉警报，呜——就像哭一样，那是农历11月25日炸朝天门的时候。但我还不知道害怕，飞机来了，我们还在看飞机。我住的望龙门离朝天门很近，警报解除后，我们小孩就跑过去看，一看就吓着了！肠子、尸体，树上有，地上有，到处都是。从此，只要一拉警报，我就吓得往防空洞跑。

日本飞机三架一组，轮流轰炸，炸了走，走了又来。我们自己带点干粮，带个瓶子装点水。那时我在厂里干活，一看见南岸高山上挂起红灯笼，就马上跑到外面山上进防空洞。

跑防空洞，我和父亲提一个包，各带一块防毒气的毛巾。有时半夜听见紧急警报的声音，起来跑警报。那个声音很短，像很凄惨的哭声。我的心一阵阵发紧，双腿发软，一步台阶都踏不上去，只能双手按着往上爬。

飞机来了不准小孩哭，怕引来炸弹，妈妈们用奶堵，有的小孩就这样憋死了。我的少年时代就是在各个洞子里度过，曾在那个悲惨的大隧道躲过，还在坟堆里躲过。

后来，日本飞机不分天晴下雨都来，警报天天响。一拉警报，我们就赶紧带个包，带个毛巾。毛巾必须弄湿了，怕放毒气弹，毒气飘进防空洞，就用毛巾把嘴捂住。防空洞门口用石头挡住，怕弹片飞进去。拉了紧急警报后，里面不许哭不许闹，特别安静。

有一年五月初五，嘉陵江划龙船，我们去观看。龙船刚要靠岸，就拉紧急警报了，我们马上往回走，却已不准通过了。当地的防空洞又不让我们进去，我们七八个人只好站在洞子外面。后来等到飞机临头了，他们还是让我们进了洞子。结果这次扔的是传单，传单上说，今天是五月初五端阳节，我们不是来炸你们的，是给你们送礼物来的。你们要勤做衣，多做鞋，（我们）

天晴落雨都要来。

日本飞机最初天气不好还不来，我一起床先看天气，是阴天、雨天，心里就安稳，后来不管天晴落雨，飞机都来。躲在洞子里的人也有被炸死、烧死的。所以我每晚都睡不好，眼前老是炸弹、鲜血、尸体、火光在晃动，不晓得第二天我活不活得出来。我常常抬头望着夜空，心想，为什么要打仗嘛……

采访地点：重庆市渝中区朝千路

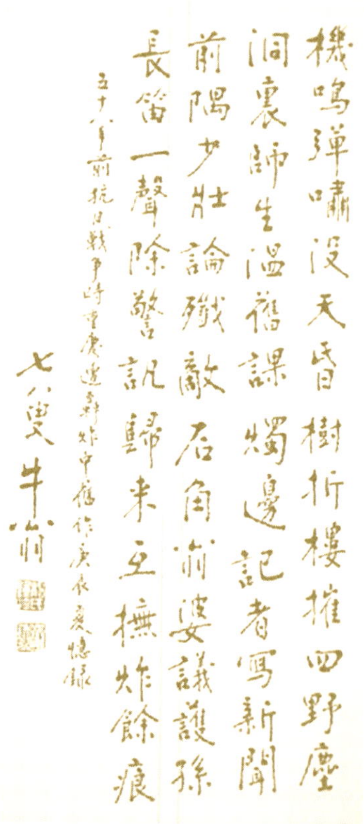

靳　琪

安徽舒城市民，流亡重庆难民，女，70 岁

我们逃亡到重庆后，在南温泉和小泉之间的花溪草堂住下来，前面是花溪河，有山、有树木、有竹子。中央政治大学就在这儿。

我在巴南小泉一所小学读书。学校周围都挖了防空壕，防空壕躲不了炸弹，但是可以躲机枪。老师都是年轻人，都很负责。我们纪律好得很，只要一拉警报，老师就把书一合，我们马上把书往书包里一装，第一排跟在老师后面，第二排、第三排跟着走，动作很迅速，立刻就撤到防空壕。防空壕里面有小板凳，一个人坐一个。学生不能回去，因为怕飞机在路上用机枪扫射。

我们一点都不能说话，好像人出气的声音飞机上都能听到。如果拉了警报，就不能煮饭了，因为烟囱会冒烟，群众就会说你是汉奸，在给敌人传递信号。日本人一天来好几次，警报、解除，再警报、再解除，我们成天跑来跑去，在惊恐中过日子。

有次轰炸我印象很深。我家旁边有栋楼房，比较高，房子被炸了，床的柱头上还有一些机枪的小洞，房子里的人全都被炸得粉身碎骨。解除警报后，我看到狗在拖人的肉，拖起一块一块后就往山坡上跑。屋对面的树上挂着一些断手。爸爸拿锄头挖了一个坑，把断肢碎肉收集起来掩埋。其中有一个人头，鲜血和泥巴糊了一头。爸爸还喊我看，我骇得转身就跑。

花溪河里面的鱼都被炸得浮了起来，但谁都不敢吃，怕有毒。四下到处都有弹片，有些农民背起背篓来捡，捡来当废钢铁卖钱。

花溪河外面有一个防空洞，在那个洞子里是比较安全的。洞子接近洞口的地方很大，像大厅一样，一般老百姓都在那儿。出钱打了洞子的，里面就安有他的座位，你家里出了几份钱就安几个位置。虽然在洞子里比较安全，但炸弹的风力很大，风往洞子里面吹，我们坐都坐不稳，从凳子上掉下来，有时还有弹片飞。人们就往里面挤，一挤就有危险了，人踩人。我们小孩哪里禁得住这么蹬、踩，鞋子都掉了。那一次，我脸上的皮被踩掉了，脸也被踩烂了。

洞子外面，有一条从南温泉到小泉的路。那次轰炸，路上有人没去躲警报，结果炸得树上都有人的脚、肠子、肉！现在那洞子都还在。

我弟弟当时只有一岁，他怕黑，一进防空洞就哭。其他人叫："是哪个娃儿哭，快捂到，莫把飞机招来了。"我妈只好捂住他的嘴，往洞子深处走，越

黑我弟弟就哭得越厉害，泪水流进耳朵里，如此好多次，弟弟终于得病死了。

大隧道惨案我没有亲身经历，但我们的一个邻居从里面死里逃生。他是北方人，打铁的一个大汉。那天他进去比较迟，后来闷得不得了，口干，有些人已经倒在地上。他赶快自己撒了泡尿喝了，又倒在地上，用鼻子闻墙壁、泥巴的味道。泥巴还有点水汽，稍许好一点，他又喝了点尿。里面你咬我我咬你，你蹬我我蹬你，死了很多人。他晕过去了，但后来被救活了。

除了投炸弹，日本人还经常撒一些传单。家里人不让我去捡，说上面有毒，可小孩总有点好奇，山坡上捡柴的娃、打猪草的娃，见到传单就去抢。我也背着大人去抢到两张。一张上面画了张桌子，上面堆了很多鞋，桌子边还坐着一个老太婆，全身都挂着鞋，双手还在做鞋，很多人在往这边走。旁边是两行字，是“少做衣，多做鞋，我们天天都要来”，意思是他们天天要来轰炸，让中国人多做点鞋好跑警报。另一张上画着一长串棺材，由大到小，无穷无尽，旁边是一长串中国人，正排着队走进棺材。边上也有两行字，意思是中国正一步步走向灭亡。日本人曾狂言三个月就要把中国灭了。

采访地点：重庆市一中高教楼

黄来君

女

那时我们一天要跑好多回警报，常常刚从防空洞回来，烧个火，把饭热上，警报又来了，又得跑。我老公（艾礼平）他们更麻烦，他们是卖药酒的，要把那些坛坛罐罐抱起来进洞，回去要抱回去，有人来打药酒，就要去打药酒，忙死了。

我们那几条街的人，都跑那个洞子（位于扁担巷的防空洞）。我们对面有一个卖火锅的陆大姐，跟我们很熟悉。那天她提了个包，进洞子就坐在我旁边。那时，跑防空洞的人都要准备一个包——四方的大帕子，把衣服包起来。救急药有八卦丹、万金油等。那天进来的人多，气闷、难受，我就向陆大姐要了点八卦丹，放在嘴里含着，说不出来话。幸亏我老公来了，他每次都到那里来看我，他是医生，见我难受，一下子把我拉出去了。我们换一个地方，跑到大梁子那儿去躲。一下去就看见好大一个胖子，又白又胖，睡在那儿死了。

我家老太爷想让我回娘家，要安全一些。我不回去，就是因为担心我老公。后来我要生了，没办法，就回南岸老厂的娘家。我是 6 月 27 日生的小孩，那一年是闰年。那个时候，飞机到处炸，我抱着婴儿跑，真不知道是怎么活下来的。

采访地点：重庆市渝中区菜市巷

谭绍武

90岁

我是土生土长的重庆人，出生在贫苦人家，全家住在七星岗安乐洞一个破破烂烂的捆绑房里。

大轰炸期间，我们那一带只有安乐洞下有几个潮湿窄小的土洞子。那种洞子条件很差，地上积水、空气浊闷，待久点人就受不了。

我一共生了8个娃儿，只有1947年生的最小的一个女儿活了下来。其他几个都在防空洞里喂养过，没奶、没饭吃。他们的死，和那恶劣的防空洞是有关系的。我的双腿，尤其是右腿，多年来一直又肿又痛，就是那时睡防空洞落下的病。

后来我到南岸铜元局的兵工厂工作，发了一个专门进防空洞的铜牌，凭牌子可以享受指定的防空洞。这个铜牌我在身边带了一辈子，它是我当年的生活记录。牌子的号码是：10152。

采访地点：重庆市南岸区南坪西路62幢

背景资料

重庆的防空警报

1937年9月，重庆开始配置对空监视哨所，东起石柱、梁山，西通璧山、合川，南达綦江、南川，北贯通江、南江。1938年10月，重庆防空司令部架设专线，以重庆为中心，在50公里范围内增设10所独立哨所。

1939年5月，在永川、荣昌、大足、江津和铜梁五县建立监视哨所。

全市147个对空监视哨所674名专业人员日夜严密对空监视。如有人员不在哨地或有飞机经过哨地而不报告者，一经查明即以军法论处。在成千上万次敌机空袭预报中，147个监视哨所从未出现一次重大失职。

刘华英

女，80 岁

我十几岁时从铜梁乡下来重庆，住在七星岗通远门。我提个兜兜在家附近卖针线，丈夫背个背兜，也卖这些东西。

“五三”“五四”轰炸时，他在防护团，我躲在家里桌子下面。炸弹下来，四周一片火海，我骇得全身发软，走不动。丈夫跑回家，我还躲在桌子下，他一把把我拉出来，我脚发软走不动，他就把我夹在腋下拖着走。

我们家被烧得精光，他不拖我出来，我肯定会被烧死。家被烧后没住处，生意也没有了，我们只好离开重庆回铜梁。还好，一路上政府施粥、施药。在乡下没土地，生活也很难，我们又回到重庆，他卖甘蔗，我就刮皮。他仍然干防护团，早上下操，哪里起火就去哪里灭火，疏散人群，没空袭就做小生意。

我最怕防空洞，又热又闷又臭，碰上娃儿哭，别的人就喊：“把你娃儿捂死，飞机听到炸弹要把我们全部都炸死！”有的人真把自己的娃儿捂死了。

从那以后我一直怕，只要是突然的声音，都怕。

背景资料

藏身防空洞 7 天 7 夜

躲防空洞是当时重庆市民的日常生活。其中，1941 年 8 月 8 日至 14 日，为躲避日军每 6 小时进行一次的轰炸，重庆市民躲在防空洞内长达 7 天 7 夜。

抗战时期的中央大学有一条校规，防空警报下，如有学生三次没进防空洞就要被开除，足见当时防空洞在市民生活中的普遍程度。

叶泽民

1939年，我住在朝天门和东水门之间的大河顺城街。在大轰炸初期，人们没有防空知识，就躲在家里的桌子下面，桌上盖上几床棉被，结果不少人被炸得血肉横飞。后来一听到警报声，老老少少都往城外跑。城外本有一些岩洞，后来当局又凿了一些防空洞，可以藏身。这就叫“跑警报”。

1939年上半年的一个傍晚，突然又响起警报。连日来被血淋淋的惨象（当时电线上、树上常吊着炸断的手脚）吓破了胆的市民，不顾一切地往城外跑。我当时只有6岁，妈妈背起我往东水门跑。我们那一带每次跑警报都是从东水门出城。那天晚上日机来得飞快，一下子就拉起了紧急警报。人们慌了，从道门口、小什字等地下来的人集中往东水门涌去。

东水门的地势是前低后高，人群像灌漏斗一样地往下灌，城门又像瓶颈一样把人卡住。后面的人不顾一切地往下压，卡在城门内的人被压得受不了，呼天抢地地大叫。我被压得喘不过气，只有用双手死死抱住母亲的颈子，那个滋味难受死了，我一辈子都忘不了。

那些挤出城门的人，一下子失去阻力，立足不稳，不少人摔倒在地，后面的人潮水般涌来，把倒在地上的人踩在脚下。有人大叫：“踩死人了！踩死人了！”但没有用。后来听说那天晚上踩死了不少人，具体数字我不清楚，但我亲眼看见一些人倒下后再也没有站起来。

我妈妈后来一辈子都在提这事。她说，幸亏她当年年轻，有股蛮劲，又没带东西，否则一倒下去母子俩肯定没命了。

那晚的惨案发生后，当局在朝天门与东水门之间的城墙中部开了一个缺口，修建了一条较宽的石板路，取名“安宁路”。从那以后，陕西路、曹家巷一带的人跑警报就从这条路出城，我们从此再也不跑东水门了。

采访地点：重庆市南岸区南坪花园村七区

袁永康

70 岁

我小时候，租住在市中区南纪门宝善寺街，紧靠江边。所谓房子，其实就是个烂棚子，水来就搬，水退就回。距我们家 300 公尺的响水桥下面的水沟里，有一个防空洞，洞子条件不好，但可以挤二三百人。

记得是 1941 年 8 月的一天，警报响了，很多人都跑到那个洞子躲。我和爸爸胆子都大，没去躲，爸爸还出去数飞机。那天，一颗炸弹恰好落那个防空洞洞口。当时里面死了多少人不清楚，后来尸体拉出来，堆在河边。第二天我和两个娃儿去看，发现起码有一百多具尸体。十几个下力人用黄篾席裹尸体，裹好后装上船，运到南岸马家店埋掉。那时，南纪门河坝经常枪毙人，犯人捆了，用轿子抬到河边，用枪打死。我从小看惯死尸，不怕。所以那次河坝的死人我敢去看。只是太臭，熏得人发昏。现在人们都知道大隧道惨案，但那个洞子的惨状，从没有被报道过。

采访地点：重庆市九龙坡区九宫庙

背景资料

蒋介石，踏着血迹躲进防空洞

1941 年 8 月 30 日，日本战略轰炸机队司令官远藤三郎少将从离任回国的意大利驻华大使口中获得了黄山官邸的确切位置以及房瓦颜色的情报，并且知悉那一天“蒋介石将在黄山官邸云岫楼召开各战区长官、参谋长参加的重要军事会议”，于是制定了直接轰炸黄山的计划。日本防卫厅编著的战史丛书《中国方面陆军航空作战》记载：“……15 时，在 5 500 公尺高空，27 架轰炸机飞抵黄山官邸。……全体一齐投弹，炸弹以席卷黄山的方式落下。”

炸弹在“云岫楼”东南角附近爆炸，两名卫兵被炸得血肉横飞，另外四名卫兵受重伤，“云岫楼”的灰色墙壁和附近的树枝、电杆上顿时溅上鲜血、脑浆、残破的肢体和烧焦的黑制服布片。蒋介石、宋美龄夫妇及何应钦、陈诚、白崇禧、张治中、商震等国民党高级将领在侍卫人员的劝阻和引领下，踏着血迹躲进防空洞。

外国学者评论说，1941 年 8 月 30 日，日本人同蒋介石之间的距离只有 5 500公尺，这是从肉体上消灭蒋介石的最后机会。

（摘自《国民政府重庆陪都史》，西南师范大学出版社，第 168、169 页）

第六章 大隧道惨案

郭选昌雕塑《重庆大轰炸·大隧道惨案》

那原本是死里逃生的避难所，1941 年 6 月 5 日，凄厉的警报、紧闭的铁门，把一个巨大的“诺亚方舟”——重庆较场口大隧道——变成为通向地狱的炼狱。

“大隧道惨案发生后，较场口周围十几条街阴风惨惨，幸存的人请道士招魂，白天夜晚叮叮当当，香烟袅袅。”

——大轰炸幸存者田泽周

田泽周

二哥！二哥！

重庆大轰炸亲历者，88 岁

我一肚子的苦水，几十年来没处诉说！

我出生在农村，在农村上的小学。我们有四兄弟，其中我二哥最有才，书读得多，他爱写、爱画，为人耿直，脾气又好。后来二哥来到重庆谋生，我也跟着来了。

我结婚后，岳父照顾我，拿了点本钱，让我在市中区较场口老街 60 号开了个小面店。

1941 年农历五月初九，我因要去江北水土沱给岳母过生日，特地把二哥从乡下叫到重庆来看守铺子。二哥当天就和父亲来到较场口。第二天早上，五月初十，那天新历是 6 月 5 日，二哥专程送我到朝天门，一路上他关切地同我说话，记得他说我们父母一辈子种庄稼，很苦，怎么样才能让他们过得好一点，或在重庆租个房子，让他们俩过来住。

我上船过江时他站在岸上朝我挥手。哪晓得这一别竟是永别！

从朝天门到我的家江北沙坪乡高湾有 70 里，从我家到水土沱又有 70 多里。我先回家，第二天才去岳母家。刚到不久，我铺子的一个面工就急匆匆赶来，说二哥头天晚上在洞子里闷死了！我开始不相信，我二哥是空袭服务队的，可以自由进出洞子，怎么会闷死?！我走了 70 里路往家里赶。

我赶到较场口，我的天！那个场面让我浑身血都冷了！二哥的尸体是我幺爸屋的一个哥哥找到的。我一看见尸体，惊骇得“咚”的一声跪倒在地。二哥头发全被扯光，衣服也撕烂了，肚子破裂，身子抓得稀烂，完全变了形！

二哥，二哥！他那最后一口气是怎么咽下去的哟?！是我把他从乡下喊回来，他是替我去死的呀！

二哥进的是十八梯洞口，门关死了，出不来。我爸从演武厅洞口进去，他把嘴一直贴在潮湿的石壁上，才逃过了一命。但是，他出来后看到二哥的尸体，一下就气疯了。我把他送到乡下，他疯疯癫癫到处乱跑，被一条疯狗咬伤，得了狂犬病。死前他痛苦地啃床、啃碗，啃得满嘴是血。

二哥死时，二嫂同他结婚三年，女儿才一岁多。二嫂在家闹，要离家出走，我妈急得颠颠倒倒。最后二嫂还是走了，女儿留给了我妈。几年后，我妈带着我侄女给人家干活时，遇到风暴，房子倒了下来，她们双双被压死。

多年来我不敢去较场口，我怕想起我二哥，怕想起那些在隧道里遇难的人。

但是，我怎么忘得了！几十年来我想说，但没处说，一肚子苦水憋在心里，憋得难受呀。我已经82岁了，我爸爸、妈妈、二嫂、侄女都已去世，四兄弟中只剩下我，我还活得了几天？我一死，就再也没人来诉说这段冤屈了，就一切都完了……

采访地点：重庆市南岸区南坪东路31号

采访后记

采访田泽周老人时，正值重庆40℃高温，我坐在老人的面前，热汗淋漓，但心里一阵阵地发冷。

老人得知我要来，激动万分，他告诉我，他通宵未眠。

终于可以述说那段往事，终于有人来关注和倾听了！

“前些日子，我专门过江，去找报社的记者，想告诉他们我的见闻，尤其是我二哥的遭遇。我来日不多，一心想把那段经历留传下来。我恳求他们，可惜我找了一家又一家，他们都不理。我已经绝望了……”

我听了老人的这番话，又听了他的讲述，暗暗下决心：一定要对得起老人，对得起他二哥的在天之灵！

周海全

拖着被咬伤的脚，捡回一条命

86 岁

我这个人命大，头一年在菜园坝挨炸弹，旁边的几个人都炸死了，我只是耳朵被炸聋，没受伤。在大隧道我又死里逃生，算是奇迹。

我很小的时候，长寿县天旱，父母逃到重庆求生，把我装在箩筐里挑到重庆。

父母靠担垃圾养家糊口，我从小就去捡煤渣，到码头上帮人提包包，哪家死了人，我就去端灵牌子，挣口饭吃。

我当过防护队员，那是个只尽义务不领工资的活。每天早上七点多钟要集中出操，警报来了，我们要维持秩序，拉紧急警报后我们才能进洞。炸死了人，我们要往船上搬，伤员要抬到医院，当然，起火了也要救火。我干了两年多，没领到一分钱，靠在码头上帮人提行李生活。

1941 年，我在市中区新华园当厨师。6 月 5 号下午，空袭警报拉响后我跑进较场口大隧道，里面人多得很。中间本来要留条交通路，但是人太多了，挤得满满的。开始人们还安安静静，洞两边的人坐着不动。慢慢地不对头了，空气越来越闷，憋得人难受。人群开始往洞门挤，挤又挤不动。你抓我我抓你，乱抓乱咬。我那时年轻，20 多岁，身强力壮，拼命往人顶上爬。刚爬上去，一只脚被下面的人一口咬住，他不要命地咬，我一动就痛得钻心。我说，你把我放了嘛，我出去喊消防队，他不松口。一大堆人堆在洞门内，有些人不动了，有些人还在扭动。我没得力气了，胸口憋得要炸。我产生幻觉，看到我死了多年的爸妈来了。他们对我说："你在做啥子，你还不走？"我说："走不动呀。"接着我就昏过去了。

醒来时我已经躺在洞外，我看见一具具尸体被往外拖，周围摆满了死人。拖出来的人只有我还有气，当时我是唯一活下来的人，跟我一起的我的同事全都死了。我只是右脚上被咬了几个洞，你看，伤疤还在！

那个惨案之后，石灰市那一片的铺面，死得连门都没人开了。第二天，我到那片铺面看看，没有人。没人来认尸的，可能全家都死完了。这些尸体就被拉到黑石子去埋。

死的人，相互抓扭在一起，拖都拖不开。只好用布把尸体给套住，几个几个地拉。这是我亲眼所见的，记得很清楚，好惨！

采访地点：重庆市江北区茅溪村大井湾社

采访后记

在乡下一个农家院落里，我找到了周海全老人，老人没文化，加上年岁已高，讲述得比较杂乱。更困难的是他耳聋了，要冲着他耳朵大声喊叫他才能勉强听见。

他的耳朵是被炸聋的，1940 年大隧道惨案前一年，他在菜园坝挨了炸弹，他旁边的十几个人都被炸死，而他却是大难不死，只是耳朵被炸聋了。

背景资料

《梦魇——重庆大轰炸》

“二战”历史对我来说是一张张模糊的黑白照片，往昔的血腥与恐怖已褪变得混沌缥缈。逝者如斯，当我脑海里浮现出那一幅幅画面时，却只剩下风中羽毛般的幻觉。一件作品可以是艺术家情感和幻觉的表达，而人类历史中那些非人性、反人类的黑暗片断，绝不是幻觉！

画面引入“炼狱”与“升天”两组人物，以妇孺为主。左上端通过十几双手的造型，形成喧嚣、求生的渴望。左下方撕心裂肺尖叫的头颅，传达出饱受蹂躏的生命绝望无助的呐喊。下面是死亡的沉寂，生命如烟尘飘散、升腾，上方孩童迷惑地眯着双眼，伸出稚嫩的小指头，仿佛梦呓般如是述说……

赵卿作：《梦魇——重庆大轰炸》

王昌禹

周海全之妻

多年来，我不想提那一天的事，太惨了，我一提就头痛。

我老头（老公）当时在十八梯上面的一家饭馆里干活，我看到过一回炸死的人。一个在馆子里（吃饭）的人，她把钱塞进袜子里，一颗炸弹炸下来，把她的脚炸到树上挂起。后来别人把她的脚拿下来，再把钱取出来。来吃饭的人常说：今天吃了一顿，明天还能吃吗？

还有一次我刚打完柴，飞机就来丢炸弹，一个黑色的东西，吓得我往屋里跑，回头一看，弹子石那儿燃烧起来了，原来是燃烧弹。

日本人太可恶！他们还丢传单，我母亲捡来给我们看，上面写的是："（老百姓）少缝衣服多做鞋，（我们）天晴落雨都要来。""多做鞋"就是好逃命。

6 月 5 号那天我在南岸，第二天听说大隧道死了人，我怕周海全可能也死了，赶忙坐白木船过江到较场口。我从木货街那儿走过去，一看，天哪，到处都堆起死人，唯一电影院（后改名劳动电影院）的坝子上小娃儿的尸体堆一堆，大人尸体堆一堆，没有一件衣服是好的，尸体被抓咬得血淋淋。

最让我伤心的是有一个当妈妈的，一边躺着她娃儿，一边躺着她男人，她一会儿冲着她娃儿哭，一会儿又转身朝她男人哭……我的眼泪一下子滚了出来，我男人也死了唧个办？我们结婚才几个月，我才 19 岁！我边哭边找，地上横着斜着，到处是死人。他们还在用布拉死人，一次还不只拉一个。馆子隔壁那个姓郝的，很胖，在洞子里，他一头的头发全给扯掉了。

可是，我没有找到我男人。下午，我才听说他没死，我的心终于放下来了。我找到他后问他怎么出来的，他说爬出来的，从梯阶爬出来的，那洞子的梯阶有好大一个坡，就像我们上来的梯子一样高。后来有人用担架把他抬到馆子里。他年轻，容易恢复。

那一次，有的人家全死绝了，门都没人开。我看到这个惨像，坚决不要男人再待在城里，于是我们搬到了江北茅溪乡下，从此当农民，直到现在。

采访地点：重庆市江北区茅溪村大井湾社

夏海荣

81 岁

我 13 岁的时候，从潼南来到重庆，干下力活，在城里挑垃圾。民国二十七年（1938）10 月 25 号，在牛角沱炸死了一个收垃圾的。农历十一月二十五日就炸朝天门，那时我在唯一电影院对面的土木市场做苦力，一会儿人抬来了，有骨头炸断的，也有肠子炸出来的，我这才知道怕。

那个时候重庆刚修避难号，在较场口，街上木料很大一堆，几根立在地上，上面堆上三合土，作为避难号。后来“五三”“五四”我在花街子一个卖杂菜面的面馆帮工。杂菜面就是把那些吃不完的菜都收拢来，煮的面。花街子就是现在《重庆日报》旁边那条街。一听到警报，我就跑到金紫门的防空洞。一进去，听着外面炸得轰轰的。出来之后，树上都有人的肠子挂着。

民国三十年（1941），我在土木市场 10 号给曾志权当学徒。旧历五月十一日（新历是 6 月 5 号），天气很热，有三十好几度。老板参加袍哥刚刚吃饭回来，听见预备警报，师傅和另外一个徒弟王少禄先进了大隧道。平时我不钻防空洞，那天听说要投毒气弹，便从演武厅那个洞口进大隧道。那个进洞口是个窄窄的斜坡，人多得很，我干脆从上面往下跳，从人群顶上挤进洞。

以前我从没进过大隧道，进去后我便留心路。我清楚地记得我往左拐了三次，到了最里面才停下。在里面待了好多个小时，一直不解除警报，空气越来越少、越来越差。密密匝匝的人挤在洞里，热气往上蒸，在洞顶结成水滴往下滴。我觉得闷得难受，就把嘴贴在洞壁上吸水，但胸口还是憋得发慌，我决定往外走。

好多人都在往外挤，爹呀妈呀的叫声震天震地。我虽然喘不过气，但头脑还清楚，我提醒自己往右拐三次。路上，我看见一个很摩登的女人，烫了头，穿着高跟鞋，神情恍惚，走着走着就倒了。一个男人弯下腰去摘她的金镯子，那女人叫了一声，一把抱住他。后面的人一挤，男人也倒在地上，都没再起来。

越往外走人越多，后来根本就挤不动。人们互相抓咬，妈呀娘呀的叫声惨得很。我看势头不对，知道只有往人头上爬才能逃生。我正是身强力壮的时候，踩住其他人，伸手抓住洞顶的通风架子，把身子拖出，从人群的头顶和洞顶壁的那个空间里往洞口爬。身下面的人有的在叫，有的在动，有的已经不叫也不动了。哎呀，那个气味才叫难闻！事后多年我想起来还要吐。闷热！人挤成一团，你抓我我抓你，你踩我我踩你。我的一只脚陷在人堆里，感觉那里面热得像开水。下面的人难受，乱抓乱咬，我的汗衫完全被撕烂了。我爬的时候，一只手陷下去，右手大拇指正好伸进一个人的嘴里，他一口咬住不放。我说，你松口嘛，求你了！他憋得难受，可能已经神志不清，一直死死咬着。我拼命扯把指头扯出来时，也没觉得痛，皮肉被他咬下来，骨头没断，想来是他已经没多大力气了，否则非咬断不可。

我越来越支持不住，有人抓咬我也不觉得痛，到后来只是机械地、本能地往前爬。突然我觉得有人在提我，我昏昏沉沉地想，这是到了鬼门关，是小鬼在抓我。醒来时已经躺在外面地上，后来才知道是两个人把我提出来的，那时我已经爬近洞口，有一点空气，所以才活下来。我翻起来坐着，才发现自己衣服裤子都被撕光了，浑身一丝不挂。接着看到两个人又提了一个人出来，也是一丝不挂。

在劳动电影院隔壁有一个白糕店，一些人烧了开水，拿救急药水救人。我在那儿吃了点救急药水，这时才知道手在疼，大拇指的皮肉都被扯掉了，但是骨头没断。那时候有医药队，我拿一点纱布和红药水，也没其他药，只能把手指包起来了。手指疼了我一两个月，也没钱去治，留下一个伤疤，拇指也变形了。

对了，听说那两天过路的人，非得要进隧道拉几个死人出来，才准过路。

我那个师傅和师兄都死了。死了的人拉出来，身体上都是红一块、绿一块的，像被水烫了一样。衣服都撕烂了，金戒指、金项圈，还有其他东西，堆在电影院门口，担了好几挑。尸体用船拉到朝天门，放到寸滩下面的黑石子埋了。第二天，周围的好多铺子没人开门。

采访地点：重庆市渝中区人民支路静园一号楼

采访后记

夏海荣老人虽然没有读过书，但是他对发生在60年前的那一幕讲述得非常清楚，让人身临其境。(尤其是他好几次模仿当年洞子里“妈呀”“娘呀”的叫声，让人在山城40℃的高温里不寒而栗！)

老人能死里逃生，全靠他挑垃圾练就的一身强健身骨。如今已经81岁高龄的老人，看上去仍然身板硬朗。

只是，他的右手大拇指永远变形了。

那变形了的拇指，深深印在了我的脑海中，时时让我想象到他身下那一张张扭曲了的、绝望而痛苦的脸……

丁厚芳

女，85 岁

我 16 岁那年结婚嫁进城，住在市中区桂花街，一直住到现在。我靠帮人缝洗衣服为生，一个人的衣服包洗一个月才三角钱。白天我洗衣服，晚上给别人缝衣服，三角钱一件。我四个娃儿，最大的十四岁，最小的三岁，四个都是女娃。平时飞机来了，衣服没干我抱起就跑，不能把人家的衣服搞丢了。我丈夫不理事，吃喝嫖赌，还抽鸦片，买的两个防空洞证（10 块钱一个），他全拿去了。我们母女只有跑其他不要防空证的防空洞。

旧历五月十一（新历 6 月 5 日）警报响了，我带四个娃儿进洞，抱两个拖两个，是从唯一电影院那个防空洞（演武厅）进的大隧道。在里面觉得闷，想出来，但洞门口的门锁了，出不来。人多，乱挤，四个娃儿挤散了，人山人海都是人，后来灯也灭了，四周黝黑，没办法找。我开头还喊娃儿，后来气出不来，衣服被撕成一条条，最后的一眼看见我最小的一个娃儿鼻口出血，我倒下去就昏过去了。有人踩在我脸上，我门牙全部被踩脱，脸上被踩得鲜血直流（在那之后我一直没有门牙，二十多年后才安了假牙）。

我被人拖出来后才醒来。我的一个表侄儿找到我，把我牵回去，他说："你娃儿在屋头。"我回屋没看见娃儿。第二天我到洞子外的坝坝里找娃儿。一个一个的尸体拖出来，突然我看见最小的一个女儿，她的花衣服我熟悉得很，我拼命大喊："五妹！五妹！"五妹鼻子口里都是血，衣服也撕烂了，早已没气了。收尸的人喊："要弄就弄走！"我不晓得怎么弄走，弄回家怎么办，家里穷得要死。我正站在那儿发呆，收尸人提起五妹就往车上甩，一车拉到朝天门埋了。

那天很多人都在找（亲人），我看见蒋夫人（宋美龄）站在唯一电影院门口哭了。我四个女儿活着出来的只有一个老二（12 岁）。她被挤到木条凳的下面，衣服被扯烂，脸被抓伤，但长凳救了她一命。她第二天爬出来，亲戚把她带回来，她自己都不晓得是怎样活下来的。她说："妈妈，我在里面昏昏糊糊睡着了，我的脚痛得很。"

我们进去五个，一下子捂死三个，另两个（老大、老四）没看见，尸体也没看见。我也不想去找了，找到后弄回家又怎么办，只有让政府去处理了。我靠洗衣服一口一口喂大的三个娃儿，一下子就没了。

三个娃，政府发了 60 块钱安埋费，我男人去领的。

采访地点：重庆市南岸区共青湖无线电二厂

高建文

重庆市民，大轰炸亲历者、受害者，75 岁

1941 年这段时间，日本飞机来炸，三天三夜不解除警报，叫“疲劳轰炸”。一天来几十架，另一天又来几十架。

防空洞有三个等级，官僚和有钱人的很舒适，里边还可以打牌，像美丰银行下边和重庆饭店对面那一类的。再有的是保甲的，私人拿钱去买，买个牌进洞。还有就是大众的，这个是任何人都能躲的，人也最多。

我是空袭服务队的队员，6 月 5 号那天 6 点左右，我也跟着一起下洞了。

防空洞里温度相当高，整个人头是昏的，没有氧气，想出来透气。外面的人看见警报又来了，又往里边挤，里面的人想出来，又朝外面挤，于是你冲我挤，我冲你挤。那门是朝里边开的，里边的人朝外边挤，就把门撞过去了，外边进来不了，里边出来不了，门也给堵住了。

里面的人闷得受不住，就往外边推。第一批被推下去，被压倒了；第二批接着上来又被压倒；后来又推下去，一层一层的，就把人踩在下边。

恐慌？当然恐慌！那脑袋快炸了，心慌得乱抓，衣服都撕烂了。我就在防空洞转弯那个口子上，我赶紧一步站在里边，有个石凳子，就站在石凳子上边，当时脑袋都要顶到防空洞洞顶了。有些人一下子挤过来，很难受，我感觉要死的样子。有个人抓住我，就这样抓着，然后他就死了。那是热天，我穿一件衬衣，我腰上有十几个牙齿印，人们抓呀咬呀，我支撑不住，也倒了。

后来，我迷迷糊糊地隐隐觉得有风灌进来，呼呼的。

死人拉出来，堆到马路边上，一堆堆都是死人。有一个防护团的，是本街上的，他认识我，到死人堆去翻找，找了一上午没找到。中午吃饭的时候，有人说还有人没死，还在出气，他们下午就一个一个地顺着拉，把那堆人给松开了，这才把我给拉出来。

那尸体摆了一坝，有妇女抱着婴儿死的，有的妇女还怀着孩子，有的头发、衣服被抓完了，有的七孔流血，有的死不瞑目，眼睛鼓得大大的。死的人皮肤都是青紫色。

我被送到防空洞旁边的一个救护站，我的一条腿肿得像一根木棒似的。他们拿担架把我抬回去，送到一家中医院的一个医生那儿。他看见我的脚都粉（碎）了，就给我锯断了，就这样，我终身残疾了。

采访地点：重庆市渝中区七星岗华一村

朱光明

61 岁

1938 年上海失守后，我父亲、母亲、姐姐、舅舅抛弃一切财产，从武汉逃到重庆。我家在较场口十八梯租了一个铺面卖烟，父母打算战事一结束就回武汉。

我们是外来的，人生地不熟，必须要同周围的人搞好关系。我们全家人对人都非常和气，邻里关系很好，没想到这后来救了我一命。

当时有的人全家躲在一个洞子里，一旦遇到不幸，就全部死光。为避免这种悲剧，我们一家人分三个洞子躲，而且不躲在最里面，并尽量靠壁站着。我家离防空洞近，5 分钟就能走到，因此，通常都是拉了紧急警报才走了。

1941 年“六五”惨案发生时，我才出生几个月。我妈抱着我躲进最近的洞子——较场口十八梯隧道。父亲和姐姐他们去了另外的洞子。

听我妈说，她抱着我在离洞口不远的地方紧靠石壁坐下。过了五六个小时还不解除警报，洞里空气越来越少，人群乱挤乱抓。我妈昏过去，我从她怀里掉到地上。

后来，大量的死人被拖出来，我也在死人堆里。很巧，一个邻居认出了我穿的那双红鞋子，他见我还有口气，就对防护队的人说，这是卖烟的朱家的娃儿，想抱走。防护队不准。非常幸运的是，我妈终于被救活了，她身上的衣服全部被撕烂，她醒来后把我抱走了。

我们到重庆，举目无亲，所以尽量同邻居搞好关系，那次要不是被那个邻居认出并把我从死人堆里拖出来，我也没命了。

抗战胜利后，我们全家回到武汉，却发现城市已经面目全非，我们原来的家连影子都没有了。无奈中，我们又返回生活了八年的重庆，重庆因此成了我们的家乡。

多年来，我妈总是说，我们母子俩是捡了两条命，一定不要忘记，要告诉子孙。

采访地点：重庆市渝中区

采访后记

朱光明是被采访人中最年轻的，仅61岁。而且他长着一张娃娃脸，初次相见，很难把他同60年前的那段惨烈历史联系在一起。

想来也是，大隧道惨案发生时他才出生几个月。对那一幕，他肯定是没有记忆的，但是，与他一同幸免于难的母亲几十年来一直向他讲述那惨痛的一幕，想必这已深深地烙在他心灵上。正因为如此，“年纪轻轻”的朱光明一提到那段历史，热泪就涌了出来。

1998年6月5日上午10时，中国长江上游美丽的山城、年轻的直辖市重庆上空，所有的防空警报同时拉响。

长歌当哭，这是在历史深处沉潜积郁了六十年的幽愤哭诉，是三千万重庆人民祭奠重庆大轰炸罹难同胞的惊天长啸，是中国人勿忘国耻、警钟长鸣的庄严宣示。

——王康

郭选昌雕塑《重庆大轰炸·大隧道惨案》

王金山

82 岁

日本“八一三”打上海时，我在上海达昌机器厂当工人。老板怕打仗，跑了。七十多个工人没吃的，一人一天最多吃两碗稀饭。国家拿钱把我们连东西带人迁到汉口，一人一天二角钱，每月六块钱。

我们在汉口待了一年又迁至重庆。我们包了两只湖南的柏木船，一路上走走停停，在宜昌就待了二十多天，差不多半年才走到重庆。

我们走时，武汉已经炸得很厉害，一天炸几回，但是中国空军打得也很顽强，有一回来了二十几架日本飞机，我们的飞机对着打，打下来好多架，打下的飞机被弄到汉口中山公园展览，我去看了很解气。那次空战后，日本飞机好多天都不敢来。可是，到重庆后从没有再见到过这样大快人心的空战。

大隧道惨案发生那年，我在市中区一家铜木工厂（做铁器和木器）当铁器师傅。6 月 5 号那天，我和做木器的师傅各带一个徒弟，共四个人，往大隧道去躲飞机。木器师傅带他的徒弟先进去了，我和我的徒弟在外面耍了一会，等拉了紧急警报后才进去。我们只进去了十来米，里面有五排矮凳子，我坐着凳子背靠墙壁。半小时后，觉得闷，口干得不得了，想喝水。我靠着墙壁不动，慢慢地人发昏，失去了知觉。不知过了好久，红十字会来抬人，抬我时我也不晓得，出口处地下有水，我觉得背凉，心里开始明白了，但睁不开眼睛。过了好一阵我才睁开眼坐起来。

我回到厂，老板已经从大溪沟回来，他问我为什么这么晚才回来，我说我差点回不来了。和我一起进洞的徒弟，叫余世华，也回来了。老板不放心另外两个人，半夜一点钟了说去看一下，但是当晚没看见人。第二天去看，已经抬出来了，但两个都死了。他们一个叫张戴宣，是做木器的师傅，河北人，徒弟小名叫晓，垫江人。我和我徒弟活下来，全因我俩进洞晚，靠在洞口，还有点空气。老板买了两口棺材，把张戴宣师徒埋在江北关山，还给他们立了块碑。

第二天我也去了大隧道，看见两个洞门口码起一人多高的尸体，几辆卡车正往城外运死人，忙都忙不过来。过路的人都被拉来每人抬两个死人，不抬不让走。抬出的死人，手表、金银首饰都抹在箩筐里。抬人的如果自己有表、金箍子，先得取下来登记，抬了之后再还给你。各种各样的衣服堆得像谷草堆那么高。我进洞时带了两包好衣服（三件中山服，蓝色两套、灰色一套，背心三件，衬衫一件），全丢在里面了，我在段上打了证明去找，看见那衣服堆积如山，根本无法翻找，别人的衣服我又不能随便拿。我空着手回来对老板说，找不到衣服，命没丢就算好的了。

采访地点：重庆市九龙坡区新一村

背景资料

重庆大轰炸惨案遗址

重庆大轰炸惨案遗址地处渝中区较场口得意世界繁华的一角。这里，就是发生“六五”大隧道惨案的所在地之一。它建于2000年，遗址像一座四方形的石墓，四周是遇难者的浮雕。

这座不足50平方米的狭窄惨案遗址，就是重庆唯一一处关于大轰炸的记忆。

向志贤

76 岁

我十几岁从长寿来重庆，哥哥在重庆开铺子。我前后共进过防空洞 40 余次。1941 年 6 月 5 日，我在十八梯附近玩，六点来钟看见挂红球，我便去大隧道躲。我在大隧道躲过，觉得那儿最保险。

我进去后一两个钟头，有个老太婆昏倒，我把她背到门口。她感谢我，拿出一个三钱多的金箍子送给我，我没要。她告诉我她的地址，要认我做她的干儿子。

这个时候警报还是没有解除，门是关着的，出不去。里面的人觉得闷往外挤，洞门空间越来越小，越来越挤，空气就进去不了。

人群把我挤倒在地上，很多双脚踩来。我喊："要命啰，不要踩，不要踩！"

最后是守门的防护团的人把我拉起来的，他们把门打开。出来后我再也不愿进去，情愿被炸死。

后来里面闷死了好多人！我幸亏没再进去！

可是，我左脚被踩伤，现在都比右脚短一公分。还有，我胸部也被踩伤，留下终身后遗症，后来我一直不好意思交女朋友（我直到 25 岁后才谈恋爱），就是不想让人看见我左胸上凸出的一块伤。

那次之后，我不再进任何防空洞，炸死就炸死。

采访地点：重庆市江北区勤俭路 85 号

赵竞成

81 岁

我 1941 年从川北射洪县来到重庆，住在民生路 11 号。

我一来到这儿，生活中的一个重要内容就是跑防空洞。只要看见天气好，心里就紧张，就得准备跑防空洞。最初我乱跑，哪个洞子钻得进就钻。记得有一次在南区路一个洞子里，听见炸弹从菜园坝咚咚一路炸过来。那个洞子小，又不牢实，人多，又乱挤。有些娃儿哭，其他人怕声音把飞机引来，叫喊："把叫的娃儿卡（掐）死！卡（掐）死！"

我看这样乱跑不是个办法，就拿钱买了一个大隧道石灰市洞子的入洞证。那个证编得有段和座号，石灰市洞子分三段，每段有一个木签子门，从里往外关，可以锁，由段长把守。段长都是宪兵。每个人凭证上的号码（几段几号）对号入座，我是在第三段。在洞子里，人们顺着洞坐成四排，两壁靠壁坐两排，中间背对背坐两排。这样就秩序井然，不乱。

6 月 5 号那天，我进去后先左转后右转，到了我的三段，找到座位后坐下。两个小时后，由于空气闷，人们开始往外走，我也开始走。在拐弯处，有个 50 多岁的老太婆冲着我说："我心慌得很哪，心慌啊。"我每次进洞，都要带金仁丹、仁丹、开水。我停下来，给她喂了几颗仁丹，然后用水瓶上的盖子倒给她一盖子开水。

给她喂完药和水，我发现水瓶的木塞不见了，我打开电筒在地上找。正在这时，洞口一群人涌来，我差点被挤翻在地。我幸亏没往前走，否则我肯定倒下去，我个子很小，若挤在靠近洞口处，非死不可。

紧接着又一群人涌来，我被人群挤得抬起来。我双手抓住洞顶的电线，脚在别人头上踩。有人乱抓我的脚，我也不觉得痛。

我出不了气，憋得慌。我心里还明白，但眼睛已经睁不开，心想完了，见不到爸爸妈妈了。

我本能地朝洞口方向爬，在人群头上爬。我爬到洞口处一小块可容 10 多个人的空地，那儿空气稍好一点。我在那儿躺了一会儿，又爬上人行道。嗨，呼吸到新鲜空气的那种感觉，真好！我睡在人行道上，一动不动。我望着天空，心想，我再不躲洞子了，我宁愿被炸死！

我喂药的那个老太婆，不知死没死。但是，我帮助了她，也救了我一命。

陈荫德

女，84 岁

“六五”惨案发生前，我在市中区督邮街华华公司当店员，卖钢笔。“六五”那天，我在天黑时进的洞，从大梁子那个洞口进去的。洞内点着油灯。我进洞走了十多个位子后坐下，离洞口比较近。我背后是一个石壁，正在流水。

坐了一阵，没氧气了，灯灭了。我开始觉得喘不过气，就把嘴鼻贴在有水的石壁上。一些人跑出去透气，转眼又是紧急警报，一群人又往洞里涌，洞里的人想透气又往外挤，娃儿哭，大人叫，“妈呀”“娘的”乱叫，闹得一塌糊涂。

我一直不动，只把脸贴着湿淋淋的石壁，等安静了我才出洞。出来一看，满街都是死人！几乎家家户户门前都停放有死人，我老板窗下躺着一个十多岁的女孩。尸体最多的是在唯一电影院的坝子上。

我居然活着出来了！

采访地点：重庆市沙坪坝区公园门口天陈路

肖炽明　一倒下去就莫想爬起来

82 岁

“六五”惨案发生那年，我在市中区陕西街做百货。6 月 5 号，我一直等到拉了紧急警报，晚上七点来钟才进防空洞。我是从演武厅那个洞口进去的。同我一起进洞的，还有一个 19 岁姓徐的店员和一个姓李的学徒。

一进洞就觉得空气不好，我们往里面走，拐了三道拐。我在里面待了一阵，觉得不对，空气糟得很，我们就往外挤。我挤到第三道拐时，就挤不动了，所有人挤成一堆，哭爹喊娘的。支持不住的倒下去，只要一倒下去就莫想爬起来。挤到后来，人一批一批地倒。我又抓又爬，挤到洞边，有了一点空气。我憋足劲爬了出来，躺在地上喘气。这个时候快 12 点了，我的两个伙伴还没有出来。

尸体被陆续拖出来，唯一电影院的坝子上高高地堆起死人。下半夜，我在十八梯看见蒋介石和市长吴国桢。蒋介石流了泪，他用手杖连连戳吴市长，骂：“你搞些啥名堂，死这么多人！”

那一晚死了多少人我不晓得，只晓得汽车从头天夜里 12 点开始拉尸体，一直拉到第二天晚上七八点钟。我的两个同伴没能活着出来，尸体都没找到。

惨案发生后，那一带，包括木货街、衣服街、鱼市街、双庙街，好多铺子都没开门，一家全死绝的不少。

第二年爆发霍乱，又死了不少人。霍乱的起因说是因为头年死人太多，有些没埋好，人喝了被尸体污染的水，就染上了病。

采访地点：重庆市南岸区南坪正街

陈辅明

76 岁

1941 年我 15 岁，在四宝斋笔墨店当学徒。

6 月 5 号真正开始拉警报是在晚上 6 点多钟。我提了一个账箱子，和我师兄到观音岩石灰市下面去躲。洞子一边是黄土坡那边，一边是唯一电影院那边，人最多的是黄土坡那边。我同我师兄走石灰市那边下去，一百多步阶梯。

那一晚，一会儿有人说警报解除了，但一会儿警报又来了，反复了几次。后来我和师兄吃不消了，人太多，孩子又闹，那气味逼人，缓不过气来。我们打算从黄土坡那个洞子出来，可那扇铁门锁了，挤呀，里边不准动，还有防护人员维持秩序。因为我是孩子，当时人们都说让我出去透一下空气，于是我们从唯一电影院这边走衣服街这边的洞子，就走过去了，我们原路来，又原路回去。走了很久，走出来大概是 12 点 10 分。

出来后，我们又到私人防空洞去躲，我们的店离那个防空洞比较近。

清晨四五点钟就闹起来了，说大隧道闷死了人。我们觉还没睡就跑过去看，听见在叫拖死人。不得了，尤其在黄土坡那个洞口死的人最多，就是现在较场口那儿。我去看时，那些早上去卖菜的、担粪的，还有那些扫街的，都被叫去抬死人。

那些人抬出来的时候，已经没有活的了，一个个惨白着张脸，有的衣服没了，有的头发被抓得稀烂，有的孩子蜷曲着的，老太婆看上去更惨。

要过路，就必须抬死人上车，拉到朝天门去，才允许你过。一开始尸体用白色的石灰消毒，用席子裹。最后连席子都没有了，拖上车去扔了就是。尸体用车子运到朝天门，然后再用船运到黑石子万人坑，当时那万人坑都堆不下了，据说是死了三四千人。

我们问在里边没有闷死的人是怎样活下来的，他们说全靠洞壁上流的水，用嘴对着吸，不然闷得很，出不了气。

采访地点：重庆市渝中区大坪九坑子 52 号

陈龙光

重庆大轰炸亲历者，73 岁

我是重庆本地人，出生在石灰市菜市场旁边。我三岁那年母亲就去世了，我跟着父亲，他是一个下力人。

第一次经历轰炸时，我还小，不懂什么叫生死存亡，也不懂日本人是怎么回事，更没地方躲，爸爸带我跑到一个粮仓里去，躲在谷子下。头一回炸弹下来就把我吓到了。第二回我跟父亲到南纪门河边去躲，那天飞机没来，河边有很多人，都在往那儿跑。

家里穷，我很小就端个盒子出去卖纸烟。我没有上过学，解放后学了几个字才勉强认得剧本，我后来去当川剧演员是偶然。怎么进的剧团？我在街上卖报纸，声音叫的又大、又尖、又亮，街上一个川剧老师听见我的叫卖声，觉得我是个苗子，就把我收进去学戏。进了剧团，我才没有再饿肚子。

我出去卖纸烟，一出去就是一天。父亲常常给我包包里揣几角钱。我有时到河对面卖纸烟，顺便躲警报。“五四”那天，火烧得大得很，我看到消防队在大火中冲进冲出，用长铁钩把墙拉倒，不拉倒就要砸到人，他们从火中抬出一些人，人烧得焦糊。解放碑往较场口这边被烧完了。幸好，我家没被炸。

大隧道惨案发生那天，很奇怪，我坚持要到河对面去卖纸烟，平时我都懒，唯独那天勤快。爸爸通常在茶馆门口剥胡豆瓣卖，不走。后来挂球报警了。爸爸说：“走，走，到大隧道去躲。”我说：“不，不，到河对面卖纸烟。”爸爸没法，只得陪我过河，刚刚到河边，就挂了两个红球。我们使劲跑。到了半夜十二点钟，我和爸爸挤船过河回来（没给钱）。从中兴路走到唯一电影院，上来看没得电，听说闷死了人。那时，死人的事经常发生，我们已经不当回事，自个儿回家倒头就睡。第二天早上九点，我起来吃了碗面，慢悠悠地走去看。从石灰市到马路顶上那一条街摆满了死人，还在往外拖。男的女的衣服裤子都没了，头发乱，人是乌的、花的。突然，我一眼看见我的邻居（他们在菜市场里面住，我们在菜市场外面住）一家人全躺在大隧道口。我浑身一震！他家那个小姑娘，同我很要好，头一天上午九点钟，我同她还在菜市场一块抓籽籽玩！此刻，她一动不动躺在那儿！我、我、我怎么受得了，怎么忘得了！

惨案发生后，较场坝到方家市，再到督邮街，铺子没人开，好多家都没人开门，全家死光，死得路断人稀。

还有一回，日机炸菜市场。较场口菜市场是重庆最大的菜市场。那一回我又是不该死！警报来了，我不想跑防空洞，正好菜市脚底有一个窖，我们十几个人跑到地窖里，里面放着榨菜坛坛、胡豆瓣坛坛，我们趴在坛子上躲。刚进去炸弹就下来了，很近，那个声音可怕呀！撕心裂肺地尖叫——嚯——嚯，接着是震耳欲聋的轰！轰！灰尘抖落下来，我们觉得地窖要垮，赶紧跑出来。回头一看，菜市场那幢三层楼的房子被完全炸垮。里面不愿跑防空洞的人全部被炸死。马路中间还一颗炸弹没爆炸，晚上才弄走。

我卖纸烟的时候，也有两次遇险。一次是在中山公园，飞机来了，我人小，钻进石条后的洞洞，脚伸得进去，脑壳还可伸出来看飞机。那只孔雀不断叫“喔嗬，喔嗬”，我想你莫叫嘛，莫把飞机引来，但它还是叫。炸弹扔下来，孔雀被炸死了，也炸死了不少人，到处是血，衣袖、断脚挂在树上晃来晃去。我又是大难不死。

另一次在河对面的南岸，是在下午。平时日机不炸南岸，很多人跑到南岸树林里去躲。我就到那儿去卖纸烟。那天日本飞机冲着树林丢了两颗炸弹，丢了弹还用机枪扫射，躲在树林里的人很多被炸死。我幸好没在树林里。过了一会儿，我看见活着的人互相搀扶着走出来。

我就是见证人！这些都是我亲眼所见！

后来我演戏了，轰炸后没得剧场，就在小米市搭一个院台。重庆剧场修起了，我才正式到剧场去。那时的演出，宣传爱国，但还是以古装戏为主，看的人很多。我只适合演娃娃，拉出去说一两句话那种。午场、晚场都有。

有一天，我正在屋里拉肚子，突然听到外头放鞭炮，欢声雷震——日本投降了！

采访地点：重庆市渝中区中山三路二巷

江碧波作：巨幅画卷《浩气长流》（局部）

黄天禄

70 岁

我的童年，几乎全是在大轰炸的恐怖中度过的。1939 年“五三”大轰炸时，我才 6 岁，妈妈拉起我飞跑，躲进了防空洞。日机投了燃烧弹，火朝洞内涌，人们用吹谷子的手摇鼓风机向外吹。

解除警报后，我们一出洞，惊呆了！外面已经面目全非，遍地是火！我家在大隧道旁的十幢房子（我们是开栈房的）不是被炸毁，就是在燃烧。全家多年积蓄的财产，转眼就化为灰烬。街上除了尸体就是无家可归的人。妈妈只好拉着我，同其他难民一起，连夜往城外走。整整走了一夜，5 月 4 日早上才走到李子坝的一个亲戚家。我们在那儿歇了口气继续走，走到石桥铺的夏家湾，我们的全部财产只剩下一口小箱子。

1941 年 6 月 5 日，我正同邻居熊全福（小名叫鸭五）在储奇门玩耍，空袭来了，鸭五和他妈妈周真清躲进了大隧道。我哥哥是消防队员，发有扁担巷防空洞的牌子，所以我们家就没进大隧道。

我们从扁担巷防空洞出来，就听说大隧道闷死人了。鸭五和妈妈的侄儿江国发都死在里面。鸭五的妈妈周真清侥幸活了下来。她后来说，里面憋得难受，江国发往洞口跑，鸭五就跟着跑，她没拉住。她把脸和嘴死死贴在洞壁上，壁上潮湿，有水分，她后来昏过去了，但终于没死。

我看到人们往尸体上撒石灰。很多死者衣服撕烂了，身上有抓咬的痕迹……

采访地点：重庆市渝中区

采访后记

采访时，黄天禄老人讲了很多他家栈房一次次被炸和他们一次次修复的情景（栈房共被炸了三次，他们全家节衣缩食修复三次）。由于这一部分同此章主题无关，所以省去了。但是，他们在废墟上坚挺不倒、顽强抗争的经历和精神，给我留下了很深的印象。

李志强

90 岁

我是武汉人，学的钳工，1938 年 8 月，日本人打到江西时，我从武汉跑到湖南常德。在那儿干了几个月之后，由于日本人逼近，老板把机器拆了丢到水里逃了。我同一群难民包了一艘木船从常德到宜昌。我一路上拉纤，船走得很慢。我的两个师兄坐另一条船，在从沙市到石首途中被日本人打死了。我一路还算平安。

到宜昌后，我搭乘“民俭”号轮船上了重庆。

日本人轰炸重庆期间，我印象最深的是“六五”大隧道惨案。当时我在南岸弹子石一家湖南人开的小厂干活，听说发生惨案，早上 8 点我从弹子石过江去看。在朝天门一下船，就看见河坝上到处是尸体，男男女女、老老少少都有。一个个面色发紫，身上，尤其是胸部抓得特别烂。一卡车一卡车的尸体接二连三运来。尸体像猪一样地往下丢。这时，听说大隧道里还有很多死人。我好奇，一路步行到较场口。那儿正在往外拖死人，气氛十分恐怖。

下午，我坐船到黑石子，想看看这些人怎么埋、埋在什么地方。到了黑石子，发现人们就在江边挖一个个大坑，把尸体抛在里面，上面浅浅地埋点土就完事。当时长江还没到洪水期，两个月后，大水一来，就冲得干干净净。

在朝天门和黑石子，没看见有家属、亲人来哭。当时我很奇怪，后来才知道，好多人全家都死光了。

上海人、江浙人到市中区做生意的很多，那次，下江人死得多，我的好多同乡都是那次遇难的。

6 月 6 日，我整整看了一天，晚上回来，吃不下饭。

采访地点：重庆市渝中区国际村 36 号

谭金炜

69 岁

1941 年我 9 岁，住在市中区老磁器街。那一年我亲身经历了几件事，让我终生难忘。

较场口大隧道有三个洞口，一个在十八梯，一个在石灰市，一个在演武厅（后来的劳动电影院附近）。6 月 5 日空袭警报后，很多人往洞子里涌，我挤不进去，就跑去扁担巷的一个小防空洞。

有些人在演武厅洞内憋得难受，跑出来透气，这时敌机又来，外面的人慌忙又往洞里涌。通往演武厅洞口的路很窄，一些人倒下去后被踩死，有些人摔死摔伤，洞内的人乱挤又憋死了一些。我亲眼看到那些死人，有的家属在旁边撕心裂肺地哭，惨得很。

还有一次，我们一家四口躲进了金紫门（储奇门和南纪门之间）的一个小岩洞，岩洞正对着下面江边的一大片石滩。日机来得猛，很多人四处乱跑找不到躲处。一些人情急之下跑到河边那片石滩上，顾头不顾尾地把头埋在石头中。那是白天，日机在空中看得清清楚楚，他们冲着石滩投弹，弹片把石头炸得漫天飞舞，我们在上面洞中看得魂飞魄散。空袭结束后，那片石滩上到处是断手断脚，有的人连头都不见了，石头上满是鲜血。

我家的房子也被燃烧弹焚毁了。那天晚上，我们全家和其他难民一起逃离了磁器街。

采访地点：重庆市渝中区大田湾

唐统之

我是四川武胜人，与抗战时期重庆市公安局局长唐毅是同乡。唐毅有个侄儿和我相熟，到武胜双石庙来教书，他给唐毅写了封信，推荐我到他那儿干事。这样，在20岁那年，我来到重庆，成了唐毅的贴身公差。那个时候正值日本轰炸重庆，唐毅很忙，不分白天晚上地工作。我也就不分白天晚上地跟着他东奔西跑。

在较场口大隧道惨案发生的那天晚上，唐毅到现场指挥抢救，同时又急匆匆地到市区各个洞子查看。蒋介石到较场口来，他看见蒋介石，一句话没说，只行了一个军礼，转身又去忙他的事，据说这事给蒋介石留下很深的印象。惨案发生，好多官员都受处分、撤职、降职，唯独唐毅得到提升，后来进了蒋的侍从室。

我没多少文化，小学都没读完。跟了唐毅几年后，他把我换了。后来我到局里面的驻卫总队搞文件收发。唐毅调走，新局长徐中洪上任后，我被解雇了，到大阳沟卖小菜，新中国成立后当泥水匠，干了一辈子。

采访地点：重庆市渝中区七星岗和平路

背景资料

6月7日，蒋介石亲下手令："市内某隧道发生窒息惨案，以致避难群众死伤多人，实深震悼。所有负责当局，实难辞去玩忽之咎，防空司令刘峙、副司令胡伯翰、重庆市市长吴国桢着即革职留任。"

在善后工作中，"陪都空袭救护委员会"对隧道死难家属中的鳏寡孤独、无人抚养者发放了赈金。老弱残废每人300元，失学幼孤每人200元。到9月7日止，全市共发赈金11万元。

“黑石子万人坑”，被遗忘的墓地

当年大轰炸死难者太多，当局将无人认领的尸体用驳船运往江北黑石子掩埋。黑石子到底埋了多少人已无从考证，但可以肯定的是，大部分死难者特别是大隧道惨案中的遇难者都埋葬在那里。

《重庆城市发展史》研究室调研员赵大斌从2006年至2008年，走访了200多位受害者或其家属。他找到当年抬尸体、埋尸体的人，对抬尸体的方式、在什么地方埋、怎么埋等，进行了详细了解。据调查，大轰炸中，80%的死难者都埋在黑石子，“六五”大隧道惨案所有死难者则全部埋在那里。所以，黑石子是侵华日军对重庆实施大轰炸的重要证据之一。

黑石子是长江北岸的一块坡地，位于重庆朝天门下游30多里。

在大轰炸之前，这儿就有一个从事慈善的佛事会，负责打捞掩埋江上漂来的死尸，山上还有专门的坟地。大轰炸期间，尤其是大隧道惨案后，大量尸体运到这儿掩埋。2001年底和2002年上半年，我前后三次来到这儿，采访了十多位知情者，央视摄制组也专程前往拍摄。可惜，我遗失了被采访者的照片和部分文字。

眼下，就只有这么一点文字记录了。

这一带就是埋葬下无数冤魂的黑石子“万人坑”，但没有任何标志。

刘志祥

74岁

重庆大轰炸开始时，我10来岁，看见大量的尸体运到我们这儿。寸滩、黑石子、朝阳河的柏木船都被调到朝天门来运死人。死人运到我们下面的黄桷渡码头，然后被抬上坡，埋在我们社和上面的大石坝社。

“五三”“五四”大轰炸和大隧道惨案后，尸体成百上千地运来，高高地堆在河边。一群狗跑去撕咬，肠子扯得到处都是。当时，凡是过路人都被抓来抬死尸。但人手还是不够，天气热，尸体腐烂得快，有些人在路上就把尸体丢在沟里，在上面撒一层土，一下雨，这些尸体露出来，又被狗咬，惨得很。

我们这块地当时是重庆桐君阁药厂老板的私地，他让出来埋死人。我清楚地记得挖了四个大坑，每个坑埋了几十个人。其中一个坑就在我家下面一点，在现在聂美德的房子下。他修房子时，挖出的人骨多得很。

埋了死人的那些地方，一直没有种庄稼，新中国成立后大炼钢铁，搞"打山逢平"运动——砍树、铲坟、毁观音、开荒后，那几块坟地上才种了粮食。现在的年轻人已经搞不清楚埋死人的事了。

胡志成

原黑石子村村长，68 岁

我在 1953 年至 1955 年担任过黑石子村的村长，后来长期担任大石坝队的队长。大石坝在大轰炸之前属于真德堂的帮会会地，是由一个有钱人张利元买建的。张利元有了钱想做善事，特地把这块地买来掩埋重庆城那些无名无姓、没人关照的死人。他还有条船，专门从朝天门运死尸。大轰炸时死人太多，有的一家人全死光，政府把那些尸体一船一船地运来，打算全部埋在真德堂，但是有几次尸体运不及，还没抬上坡顶就埋了，甚至随手丢在了半路。不过，大石坝还是埋得最多，我的屋前屋后都有尸骨，随便几锄头下去，就能挖出人骨。

黄术云

黑石子村运尸人，80 岁

我是当年抬、埋尸体的人。从 1939 年到 1941 年，干了近三年。当时，我们六个人一组，其中三个是从牢狱里派来的。尸体送到黄桷渡后，我们负责抬上山，挖坑、掩埋。有时背，有时扛。有的尸体有几块薄板，有的只裹一床席子，或者用布包一下。没有薄板的，我们就背、扛。遇到腐烂的，就遭罪了。通常，大坑埋十多个人，小坑埋几个人。这周围山坡上到处是死人坑，男男女女、老老少少都有。埋的死人太多，我们不敢喝附近井里的水，每天跑很远去挑水。新中国成立后我们在坡上种红薯，红薯大得很，但好多人都不敢吃。后来又种甘蔗，甘蔗也又粗又大，可见这一片土地肥沃。我们干活，常常挖到人骨，包括完整的头骨。猪儿拉肚子，我们就去捡人骨头回来烧成灰拌在饲料里，给猪治肚子。

当年也曾有家属来哭，但很少。这几十年根本就没人理会了。不过你们若要挖人骨头，容易得很，对面橘子林里多的是。

申纯祖

原黑石子保长，88 岁

轰炸重庆的遇难者为什么送往黑石子？因为这儿专门有一个从事慈善的佛事会。江上漂来死尸，佛事会负责打捞掩埋，另外，山上还有从事慈善的坟地，专门掩埋死后无人认领的尸体。

我印象最深的是“六五”惨案（大隧道惨案）后，一船接一船的死人运到黄桷渡，河边尸体堆积如山。尸体多，埋的人少，天气又热，腐烂快，没办法只好埋在黄桷渡河边的沙地上。江水一来，冲得尸骨无存，大轰炸的死者太惨！

当年的“万人坑”如今已经成为菜地，村民吴清明仍记得父亲曾参与抬尸。（图片来自《重庆日报》）

背景资料

大轰炸的死难者埋在哪里？

大轰炸期间的遇难者曾有两个集中埋葬的地方，一是市中区佛图关公园的荒坡上，二是江北区寸滩黑石子新棺山。

佛图关荒坡上曾经矗立过 12 座埋葬死难者遗骸的土塔（白骨塔），每个塔底埋葬了几百具尸体。但现在只剩下一座破败不堪的孤塔，而它是什么？几乎无人知晓。

附录一

关于“大隧道窒息惨案”的死亡人数，有关各方报道不一。

一、6月10日，“陪都空袭救护委员会关于六月五日夜袭救护经过报告”称：自6月7日起至10日止，发出赈款如下表（尚在继续调查发放中）。

死	重伤	轻伤	合计
732人	54人	68人	854人
120元	80元	30元	
87 840元	4 320元	2 040元	94 200元

摘自陪都空袭救护会档案

二、6月8日，重庆卫戍总司令部关于“大隧道窒息死亡人数及善后各情形呈行政院报告”称：

1. 三处洞内尸体经职派高级人员督同救护人员及车队努力抢运，已于6月6日下午4时完全运出洞外。

2. 死亡人数目如下表：

地名		石灰市	十八梯	演武厅	合计
死亡人数	男	66	572	59	697
	女	70	224	26	320
	童	26	61	11	98
合　计		162	857	96	1 115

至于伤者，除轻伤经当场医治送返其家不计外，其中比较重伤者151人业已送交职会各重伤医院医治。

3. 各洞运出之尸体除有38具当场由其亲属认领并自行装殓外，其余均由职会派卡车六辆轮运至朝天门用棺木装殓。截至6日下午5时共用去棺木800具（男女尸每棺装一具，童尸每棺装二至四具），其余之数因棺木运置不及，改用芦席捆装后随即雇用木船多艘运至江北黑石子，并用轮船输送防护人员200名于7日5时赶赴黑石子开始掩埋。预计本月8日可以掩埋完毕。（摘自重庆卫戍总司令部档案）

三、重庆防空司令部、陪都空袭救护委员会公布的死亡人数分别为827（1941年6月6日）和888人（1941年6月10日）。

《重庆大轰炸》（西南师范大学出版社2002年版，第312页）认为：较为可信的数据应是1 000人左右。

附录二 抗战期间部分在渝外国使馆旧址

群山环绕的西部内陆，幽深封塞的远东古城，刹那间联通了五湖四海。在纵横千里的血火狼烟中，在圣诞颂歌与川江号子的起伏交汇里，重庆与伦敦、华盛顿、莫斯科一起呐喊高歌！

美国大使馆

建业岗，曾为美国大使馆驻地

法国水师兵营，曾为法国使馆

苏联大使馆

法国教堂，曾为法国使馆驻地

印度大使馆

英国领事馆

澳大利亚大使馆

韩国临时政府驻地

土耳其大使馆

中苏友好协会

日本领事馆（1941 年 12 月中国正式对日宣战后撤回）

德国大使馆（1941 年 12 月中国正式对德宣战后撤回）

注：抗战期间的一些使馆的遗址现已不存在或无处可寻，如比利时大使馆旧址、荷兰大使馆旧址等。（使馆图片由戴前锋、邓平摄）

第七章 郊区轰炸

轰炸后场景

除重庆市区外，日军的轰炸还涉及梁平、遂宁、綦江、渔洞溪、南川、荣昌、合川、万县、铜梁、涪陵、广安、璧山、永川、渠县、达县等地。其轰炸目标更是包括一切市政设施和民房。所投炸弹，不仅包括一般的爆炸弹，还有大量的燃烧弹、新型凝固汽油弹和细菌弹，致使轰炸造成的损失格外惨重。

王　惠

女，78 岁

我是梁平县人，我小的时候，我爷爷、父亲没有多的孩子，只有我一个，所以我就很娇贵。我七八岁时，父亲还把我背着，走到哪儿就把我背到哪儿。

在经济上，我们家里因为是做小生意的，有一些收入。我父亲帮人家记账，祖父卖糍粑，所谓糍粑就是糯米团。我妈就在家里卖针线、卖油盐。

我们住在西门那儿，躲飞机就到旁边那条街。我们在农村也租了一间房子，有时候在那儿躲。我祖父死后我们就搬了家，搬到郊外一个小镇上，我在那儿读小学，那儿离飞机场很远。

在我 10 岁的时候，父亲就死了，我就跟母亲生活。母亲做小生意，卖盐、卖棉花、卖酒等。

母亲遇难的那一天是 1942 年端午节。她进城去进货，我就待在家里守店。

一会儿，飞机来了，我赶忙跑，门都没关好。我抱着一点吃的（妈给我准备的），往黄桷树那边跑。黄桷树那边有一块倒了的土墙，我就躲在土墙的下边，挨着土墙蹲着。那里其实也危险，但是没有办法。一颗炸弹在我 20 多米远的地方爆了，炸出一个大坑，我前面有条河沟，有弹片掉在里面。但我没有受伤。

可是，从城里回来的人告诉我，我妈妈没得了！

妈妈在城里买了东西往回走，正走到学校门口，日本飞机来了。她就到学校的一棵树下去躲。炸弹下来，一块弹片从她肚子上划过去，把她肠肝肚肺全部切开了，一节肠子还被挂到树枝上。

我听到妈妈的噩耗就“哇”的一声大哭起来，要跑去看妈妈。他们坚决不准我去看，说太惨。

我舅舅从乡下赶来，买了白布，把妈妈包裹起来埋葬了。

那年我 12 岁，从此，我从一个娇贵的独生女变成了孤儿。

我寄养到乡下舅舅家，从此要喂猪、煮饭，多么大一个锅煮饭！有时我还要挑水，多么大一桶水！我挑不回来，我就叫“妈妈——”“妈妈——”。

他们给我在牛圈上面搭了一个棚，给我挂了一个蚊帐，我就住在那上面。那个牛圈的气味，热天臭得很。舅母嫌弃我，说我这也不会做，那也不会做。我也没鞋穿，脚趾都破了。有一次舅舅说，她的手烂成那个样子，流着血。舅母就说我舅舅偏心我，发脾气把东西撒了一地，舅舅以后也不敢再说什么。

我没有钱读书，卖了一些谷子，就交学费去读，没钱了，就又停学，帮助舅舅家做事。

从 12 岁起，好多年来，夜里都是泪水伴着我，我怕听见有人喊“妈妈”。还有，我后来特别害怕看电视上的战争场面，尤其是战争造成的孤儿，一看到我就受不了，要哭……

采访地点：重庆市渝中区重庆图书馆宿舍

采访后记

因为采访王惠的丈夫——一位 1957 年的右派，我去到了她的家，并得知她也是大轰炸的受害者。后来，我专程去采访她，她因身体不好，并且太悲痛，因此采访是在极其压抑的气氛中进行的。

王惠的一生很不幸，先是为母亲哭、为自己的命运哭，后是为不幸蒙冤 20 多年的丈夫哭，一个女人几十年的岁月，就在涟涟的泪水中度过了。

新波作：抗战木刻《孤独》

余存瑞

梁平县个体骨科医生，74 岁

记得是 1940 年的秋天，天气已经变冷，不像现在这么热。一天飞来了日本飞机，从天上撒下像雾一样的东西。有人用手去接，看上去像绿豆大小的絮片，用嘴吹气还往地下掉。当时满街碎瓦、砾土，掉在地上再也看不见了。

当晚，县卫生院的人就沿街打锣，叫喊说是日本飞机丢了细菌弹，通知立即禁止饮用生水，烧水煮开；晾晒衣物要重新洗净；所有碗筷得用开水消毒。大家都小心地照办了。以后天气越来越冷，加上很多人疏散到乡下，城里没有立即发病。

第二年春天气候变暖，来了许多民工抢修城边的飞机场。这机场最早是刘湘修的，抗战时期驻扎过国民党、苏联和美国的空军部队，平时没让百姓进出。这次来的民工，就地开井作施工饮用水，吃后开始发病，去年扔过细菌弹一带的住户也同时发病。由于我本来在行医，县医院就发下来一些药，叫用大锅熬成汤，组织人往病人家送。我看见所有的病人都是同样的症状：发烧、头晕、流鼻血、皮肤现红斑，一人发病，传染全家。陆陆续续就有人死去。

我后来也发病了。当时刚结婚不久，全家都疏散下了乡，只我一个人在城里家中开业行医。我想到自己得了传染病，更不能带下乡传染给家里人，于是打定主意，宁愿一个人病死在城里。我没去乡下找亲人。幸好年轻，我终于挺了过来。那阵子城里本来人就少，传染病一发城里的人更少，连抬死人的人都找不到，惨不忍睹。

注：2001 年 8 月，日本有一个调查团（5 人）专程到梁平调查当年日机投掷细菌弹一事。我曾同重庆陪都抗战文化中心的王康先生一块前往，听到了几位当年细菌弹受害者和亲历者的讲述。但是，余存瑞老人的采访非我所做，特此说明。

背景资料

梁平

梁平（抗战时称梁山），素有“蜀中丛林之首”“川东第一大坝”之称，曾是拱卫战时首都最重要的空军基地，日机轰炸重庆时首当其冲的空中屏障。

《梁平县志·大事本末》:

抗日战争时期，日本空军大肆轰炸梁山。据不完全统计，自民国二十七年（1938）10 月 4 日起至民国三十三年（1944）12 月 27 日止，日本出动近千架军用飞机，分 81 批次，轰炸 51 天，投掷爆破弹 2 568 枚，燃夷弹、定时弹、照明弹和细菌弹 2 882 枚，炸死 1 708 人，伤残 773 人，炸毁民房5 069 间，县政府被炸而被迫三迁乡间，名胜古迹 5 处被夷为废墟，炸毁学校 5 所、育婴堂 1 所、仁安医院 1 所、寺庙 20 处。县城几条街一片瓦砾。

日军曾在梁平县投放细菌弹

《梁平县志·大事本末》:

民国三十二年（1943）8 月 8 日上午 9 时，日机 9 架入侵，投掷爆破弹 20 枚、细菌弹 4 枚，轰炸县城、柏家、福禄、石安、城东一带。……当年无病症发生。及至第二年春夏之际，从东门大炮台起到西门灵土地一带（细菌弹散发区），挨家挨户的人都发病，个个发烧恶心，头昏气紧，身现红斑并流鼻血，重症者即死去。后经保甲熬煎中药逐户送药医治，才减少了死亡。石安、福禄、城东等乡受害致死 123 人。

王吉福

女，卒年 94 岁

（20 世纪）30 年代，我们家在白市驿下街做糖生意。我丈夫糖做得很好，我们开的“天申斋”糖店在那一带很有名。从 1938 年起，日本飞机三天两头来丢炸弹。我们都到乡下去躲。我丈夫舍不得家，躲在家里柜台下，结果房子被炸毁，他的腿也被炸断。那个血直往外涌，流了像杀一头猪那么多的血。白市驿那时没有医生，我们又不懂怎么救护，我们把他抬到乡下，第二天他抽搐一阵就死了，死时才 33 岁。

我当时有 4 个娃儿，最小的才一岁多，上面有公公婆婆。我借钱来把房子修好，想继续做生意，结果刚修好又被炸了。我又去借钱修，又被炸，共被炸了四次。到后来我们什么也没有了，饭都吃不起。我一个妇人，上有老下有小，又没得钱，那些日子真是喊天天不灵，叫地地不应。我只好去给别人做针线。我孤孤单单的，没人说话，遇到事没人商量，最大的娃儿才 9 岁，我是眼泪水泡枕头、眼泪水泡饭过日子。

我这辈子没再结婚，唯一的安慰就是这几个娃儿，我再苦、再累、再受罪都舍不得他们，要不是有他们，看他们可怜，我就不活了。

日本人害得我和我家好苦，家毁人亡，我孤孤单单一辈子，想起来就要哭。说找日本赔偿，但不晓得从哪方面向他要。我一个 90 多岁的老太婆，没办法。

采访地点：重庆市江北区野水沟 94 号

采访后记

王吉福老人是我采访中除王太珍（95 岁）外年岁最大的，但她的听力和口齿都还算清楚，只是讲述时她十分悲痛，好几次哽咽失语。还有，她那苍老的、布满岁月艰辛痕印的脸给我留下很深的印象，我从那上面读到了一个近百岁老人漫长而深重的痛苦，仿佛也读到了我们这个民族百年来深重而漫长的苦难。

我一心要让这张脸和一个 94 岁老人的讲述出现在屏幕上，因此，当几个月后，2001 年 12 月中央电视台摄制组到来时，我马上给她家打了电话。

她大儿子接的电话，他说：“我妈在一个月前走了。”

赵俊清

女，77 岁

我出生在丰都下王爷庙一个很穷的家庭，爸爸靠给人打灶为生，妈妈则帮人带小孩。我从小就在长江边给人洗衣服，站在水里削菜、洗菜。冬天江水冷得刺骨，那个刺骨的痛呀，一辈子也忘不了！我现在脚站不起、痛、变形，就是那时落下的病根。不过，那时家里虽然穷，但还算平安。

我 17 岁那年，日本飞机炸丰都，还投燃烧弹。当时我和爸爸在外面干活，弟弟跑出去耍，家里只有妈妈和她帮别人带的小孩。一颗炸弹把我家炸垮，我妈肚子中了弹片，肠子流了出来，当场就死了。当时她把那个小孩夹在腋下，小孩还活着。可是没过几天，小孩全身发肿，死了。

妈死后，我 7 岁的弟弟没人照管，一个邻居愿意带他到重庆讨口饭吃，弟弟就跟人走了。他们一路步行，讨饭讨到了重庆朝天门。在朝天门，他帮人提包包，讨饭吃，晚上睡在别人屋檐下。

我妈的一个妹妹，听说我妈被炸死，就叫人把我带到重庆大渡口，帮人煮饭、洗衣服。爸爸一个人在丰都，又穷又病，孤孤单单。他走到重庆来找弟弟，想靠着一个子女，他身上只有几把胡豆充饥。他在朝天门找到弟弟，弟弟身上一个钱没有，自己都在讨饭吃，爸爸只好回去了。他到重庆来，一顿饭都没吃，只看了弟弟一眼。他回丰都不久就死了，死的时候才 50 岁。

我和弟弟，同在重庆，但相互都找不到对方。他离开丰都不久，我也离开了，他不晓得我在大渡口，我不晓得他在朝天门。我曾经到处找他，也托人打听，但都没消息。我以为他早饿死了。一个七岁的娃儿，独自一人，外面兵荒马乱，很难活下来。

一次偶然的机会，我见到当年带我弟弟到重庆的那个邻居，他说帮我找，但要给点钱。我叫我丈夫写了封信，写上我们的地址交给他。过了几个月，果然找到我弟弟！我一眼就认出了他！他小时额头上摔的那个伤疤还在。我俩抱头痛哭，哭得死去活来。这一年是 1959 年，我们姐弟俩一别整整 18 年！

我弟弟小时候在重庆流浪的日子惨得很，好多次都差点饿死。现在任何剩饭剩菜他都不准倒，孙儿们掉在桌上的饭他都要捡来吃。他是饿怕了，一辈子刻骨铭心。

我的一个家都毁在日本人手里，那些日子太苦了，多年来我不敢去回想，也尽量不给别人提。看见你们在报上寻找大轰炸幸存者，我打了电话，勾起我埋了几十年的伤心事，打完电话后我哭了两天两夜，饭都吃不下。

采访地点：重庆市大渡口区大堰二村

采访后记

这又是一次触动我的采访。

我生长在长江边，小时候冬天也曾在刺骨的江水中洗过萝卜等蔬菜，因此，赵俊清老人的经历我感同身受。

还有，她父亲在万般无奈中来重庆找儿子的一幕也让我沉思悲叹，这让我想起我在采访时的一些情境。

中华民族百年的血泪沧桑啊！

我不幸看到了你喧嚣下面沉默的真实；

我有幸读到了你遗忘后面苦难的记忆。

蒋兆和作：《流民图》（局部）

陈芳琼　一颗丢在乡下小镇的炸弹

涪陵空袭目击者，女

小时候，我住在离涪陵县城100里外的龙潭镇。那一天我们听见鹅不停地叫，转眼间，日本飞机出现在头顶上，丢下两颗炸弹，一颗没爆，一颗在药善堂炸了，炸倒了几个人。那个抓药的肠子被炸出来，我看见那肠子是花的，不像猪肠子是白色的。乡下人还是有办法，把他肠子洗了放回去，肚子缝好，他居然没死，只是后来腿瘸了，走路一拐一拐的。

还有一个人受了伤，后脑被削掉了。他还能走，走了有100多米，回到家，倒下就死了。我去看过，一路上都是他的血脚印。

乡下人说，是鹅叫引来了日本飞机。其实不是，是日本人可恶，冲一个乡下小镇的老百姓丢炸弹，可恶，我恨死日本人了！

张在民作：抗战木刻《耕》

陈素筠

女

我是南川西城外双水井的人，我们家是地主，有一个大院子。

日本飞机刚来轰炸时，很多人，包括一些住在城里的亲戚，都跑到我们院子来躲。我们家在城外，房子也还算坚固，人们以为飞机只炸县城，不会炸郊外的民房，所以遇到空袭，我们家就成了避难所。

我 22 岁那年的九月初一，警报响了，好多人都往我们的大院子跑，有亲戚，也有过路人。我二妹、三妹和她们的同学都来躲。我幺妹和她的十几个同学看到人太多，就跑到外面一片坟地里趴在地上。

紧急警报响了，还有人往院子跑，我家一个亲戚赶紧把大门关了，那些人在外面敲门，恳求说："放我们进来躲一下嘛。"门没有开，那些人只好到外面树林里去躲。

日本飞机来了，它俯冲下来，径直朝我们院子丢了一颗炸弹，炸弹落在厨房，"轰"的一声，我嫂嫂、嫂嫂的儿子和另外四个人被当场炸死，我嫂嫂肚子里还怀有一个娃儿。我妈妈和祖母被倒下来的墙压死。所以说，那一颗炸弹，夺去了我家五个亲人的生命，一颗炸弹，九条命，我妈死时才 40 多岁。

那天南川城被炸得很惨，炸死、烧死好几百人，半个城都毁了，我们在城里开的铺面也被炸毁。

但是，那天躲在院子外坟地和树林里的人都没事。

不久，我们家又被炸一次，这时人们才懂得，房子里躲不了炸弹。

采访地点：重庆市江北区观音桥江北医院

邓伯南 现在的人，不知合川被炸过

75 岁

我是合川“7·22”大轰炸的受害者、幸存者。1927 年我出生于合川，今年 75 岁。

日寇于 1937 年 7 月初发动对华侵略战争，当时我 10 岁，学校老师经常对我们讲述日寇侵略的暴行。在我念中学的时候，班上有个同学，每次写作文，他总是以“自‘七七’事变以来……”作为文章的开头语。事隔多年，这位同学的姓名已经忘却，但这件事情我至今仍记忆犹新。

在学校接受抗日爱国教育，还仅处于理性认识阶段，而日寇对合川的狂轰滥炸，则使我亲身感受到日寇给我家带来的苦痛和灾难。

据有关史料记载，日寇共九次轰炸合川（1940 年 5 月 30 日、7 月 22 日，1941 年 1 月 14 日、2 月 4 日、7 月 28 日、8 月 12 日、8 月 14 日、8 月 22 日、8 月 23 日）。

在这九次大轰炸中，1940 年 7 月 22 日是最惨重的一次，我的印象也最深。当时我们全家寄住在北门外的高望山（地名）农民家中，避开了日机的轰炸扫射，幸免于难。但县城的冲天大火、滚滚浓烟，远在十余华里的乡下，都看得清楚。日机在投掷炸弹的同时，还投了不少燃烧弹，引发全城一片大火。

大火后的第二天落了一场大雨。雨过天晴后，我由乡下返回城里。我从北门外的洗脚溪入城，沿途经太平门、杨柳街、楼子坎、申明亭、青竹湾、玉衙门口（昔日县政府）等街，街道两旁的房屋已被烧光。苏家街、梓桥街的一部分房屋也被烧光。街道两旁均是残垣断壁，砖石瓦砾和烧焦后又被雨淋湿的残存的屋架。在衙门口大门内的空地上（被炸前有树木）被炸出了一个游泳池大小的圆形大坑，上大下小，底部是尖的，像一个漏斗，估计直径有 50 米至 100 米，深度比一个人还高，约两米。这是日机炸弹留下的弹坑。

在这次大轰炸中，我家受到了毁灭性的打击。我的父亲邓肃谦，是百年老字号有心堂药房的第三代传人，当时在合川中药业界是首屈一指的大户。有心堂的店堂在申明亭，仓库及住宅在青竹湾，是大火中的重灾区。店堂、仓库、住宅全被烧光，损失惨重，我家濒于破产。

同时，我家还死了一个人，他的名字叫陈海楼，是一个老药工。我祖父还在世时，他就在我家帮工，他常带我出去玩，我与他的感情很深。他与我们祖孙三代相处数十年，亲如家人。在“7·22”大轰炸时，我们全家和药房的员工全都下乡躲飞机，唯他一人，坚决不愿离开，独自守护店和仓库。不幸的是，他被日机炸断一条腿，失血过多而死，我至今不能忘怀这个善良的老人。每念及此，悲愤之感，不能平静。

“7·22”大轰炸，改变了我父亲的一生，他几乎破产，后重新努力奋斗，恢复了有心堂的营业，但已今非昔比。

“7·22”大轰炸也改变了我和弟妹们的一生。父亲勤俭节约，克己持家支持我读书，终因财力不济，我被迫中途辍学，走上社会，自谋生路。弟妹们也是相同的命运。

合川重建后，曾在云盘街附近，修建了一所“7·22”纪念堂，让人们永远不要忘记这个苦难的日子。不知何故这个纪念堂已经不见踪影，仅在合川电影院的侧墙上，刻有一小块石刻，文字极为简短，也没有人去看。现在合川的年轻人，根本就不知道合川被炸过。令人遗憾。

采访地点：重庆市江北区海关宿舍

背景资料

日本轰炸合川概况

从民国二十九年（1940）5月至30年（1941）8月，仅十五个月内，合川县城先后9次遭受日机轰炸，民国三十年（1941）8月，从12日至23日的11天中，就被轰炸5次。损失最惨重的是第二次。其历次轰炸概况如下：

第一次，……

第二次，民国二十九年7月22号下午1时许，108架日机分三批对县城进行轮番轰炸，投掷重磅炸弹和燃烧弹500多枚，同时用机关枪扫射。死亡人数多达500~700人，受轻重伤者上千人，炸毁和烧毁房屋4 000余幢，炸沉木船90余只，各种物资损失达3 000多万元。全城三分之二遭到毁坏。

（摘自《合川县志》，四川人民出版社1995年版，第212页）

黄祖苓

永川空袭亲历者，女，70 岁

1941 年我 8 岁，住在永川县城内。我父亲已不在了，妈妈正生着病，挺严重的。那一年的旧历七月十五晚上，日本飞机来炸永川。我记得这么清楚，是因为那一天是中国的鬼节（注：又叫中元节，在这一天人们为死去的亲人烧纸钱）。当时很多人在烧福（伏）纸。“呜——呜——”拉预备警报的时候，我们都没跑，因为是第一次听见，都没感觉到什么，第二次拉警报的时候，那些保长在街上打锣，叫人们疏散。妈妈病重，走不动，她对我说：“你赶快和邻居一起跑，我死了，你还在！”

我的一个邻居是拉黄包车的，他把我和我的一个小孃孃拉到城外，小孃孃带着我往郊外田野跑。跑出城的人多得很，一个个像无头苍蝇，盲目地乱跑。很多人都跑到一个小山坡的树林中去躲。

我们刚跑出城没多远，飞机就来了。

日本飞机投下一颗照明弹，我的妈呀！亮得可以看见地上的一根针，我也看见从黑夜中突然钻出来的飞机。我骇得全身发软，走不动，一跤摔在地上，小孃孃把我拖起来，我想跟她跑，一迈步又倒下去，全身像没有骨头，双脚一点力气都没有。就像那些要枪毙的犯人，骇软了，站不起。我的小孃孃只比我大几岁，她看我走不动，干脆把我甩了，自顾自地跑得没了影。

飞机冲下来，用机枪扫射，接着又投弹。我孤零零的一个人，趴在田埂上。我心想，我要死了，我要被打死了！我把脸埋在泥土里，想喊妈，但又喊不出声。

轰炸后，我不顾一切地往家赶，一心想找到妈妈。我从一个树林里穿过，那树林里只有一条小路，路上我踩到人，摔了下去，我不知道那人是死了还是活的，因为没路走，我就从那些人身上爬过去。我终于回到了家，谢天谢地，家没被炸，妈妈还在，我抱着她大哭。

第二天早上，大人说，望龙坡那个地方被飞机炸死了很多人，我就跟着大人跑过去看。一看才知道，那就是我昨夜爬过去的那片树丛，我这才知道那些人是被炸死的。那片树丛里人死的最多，据说是人多、声音大，小孩又哭，引来了飞机，日本人专门冲那儿丢了炸弹。

因为年纪小，又急着回去找母亲，夜里我从他们身上爬过去的时候，还不知道他们已经死了。当时我心里还在想，解除警报都拉了，那些人怎么还睡着。

我一下子受惊了，当天不吃不喝。从此我每天睡觉的时候，一闭上眼睛就看见飞机，每次都会被惊醒，骇得妈呀娘呀地乱叫。这样持续了很长一段时间，把大人都给吓住了。我妈带我去拜神，求了咒符来贴在门上和床上。我折腾了一个多月才好一点。但是，我脑神经受了刺激，后来我一听见拉警报就哭。到我 20 多岁时，还经常会感到头疼，到医院检查，什么都查不出来。直到现在，我都睡不好觉，常常在梦中惊醒，总觉得眼前晃晃的，好像飞机从夜空里朝我冲来，机上的人瞪着我嘿嘿地笑，然后用机枪扫射……

采访地点：重庆市南岸区四公里街 183 号

荒烟作：抗战木刻《渴》

李维栋 就像在天空上做游戏

我是1943年从泸州到隆昌读书的，刚到不久，就经历了一次大轰炸。

那天，日本飞机每三架一组飞来，冲着县城狂轰滥炸，沿河的一条街被炸得血肉横飞，老百姓死伤惨重。

日本飞机飞得很低，飞行员的样子都能看得见。隆昌驻有国民党的一个团，但是一座高射炮都没有，只有几挺机枪，所以日本鬼子猖狂得很，飞来飞去地扫射轰炸，就像在天空上做游戏，根本不把中国军队放在眼里。老百姓像兔子一样四处乱跑躲轰炸。

我痛心中国太弱，痛恨日本欺中国太甚。我希望中国强大，这就是我后来投身革命的根本原因。

王太珍

女，95 岁

1938 年的农历六月，我一辈子都记得。

那时我们一家住在綦江县城外的沱湾。六月日本飞机来炸了綦江三次。第一次炸城里面。当时城里的慈善会正在聚会，有 100 多人。主持的人叫大家不要怕，说我们有神保佑。结果大家都没跑，坐在那儿求神。哪晓得日本的炸弹直端端落在人群中！那些都是行善的人，死得冤枉、死得惨呐！

第二次就炸了我住的沱湾。我和大儿子跑出去躲，丈夫在家守屋，钻在桌子下。炸弹把我家炸垮，他被埋在桌子下。我们把他挖出来，他没有受伤，却憋了气昏过去了，我们把他救活，算捡了条命。我们邻居三口人，躲在门外的草丛中，炸弹正好落在他们身上，那真的是粉身碎骨，三个人的尸体碎片收起来，一个小罐还没装满。

六月日机第三次炸綦江，扔了两颗弹在沱湾，一颗爆了，另一颗落在田里没爆，但綦江几条街都被烧光了。

从那个六月起，我家日子就难过了，我们是靠推魔芋、炒瓜子为生，家毁了，成天躲洞子，生意没法做，饱一顿饿一顿，有一顿没一顿，苦得很。

采访地点：重庆市大渡口区阳光花园

周信勇

71 岁

按宿命的说法，我天生就是个苦命人。我两岁那年，父亲就死了。妈妈生了四个娃儿，我是老三。妈妈在綦江街上帮人，有时也到重庆帮人，有钱就寄点回来。

由于没人照料，妈妈和一个与妈妈同姓的人，把我和哥哥送进孤儿院。记不清我当时有多大了，大概四岁吧。孤儿在里面要纺纱织布，把棕绕成绳。吃的是霉米和用盐水煮的菜叶。就这样，还得有关系才能进孤儿院。里面大概有一百人。进去不久，百分之八十的娃儿都得病死了。有的娃娃死了没及时拖出去，嘴唇被耗子咬坏了。我和哥哥没死。后来妈妈把哥哥接走了，我留在里面。我年纪小，总被人欺负，跑出来后，被妈妈边哭边打又送了回去。

日本人轰炸綦江，孤儿院的人跑光了，我跑出来，找不着妈妈和哥哥，外婆家也被炸了。我只有跑到长虹庙，晚上在里面睡觉，白天出来讨饭。这时，我遇到抗日宣传队，里面有许多姑娘，她们从孤儿院领了四十块钱，收养了我，我跟着他们从綦江到了江津、永川。

一路上，宣传队那几个姑娘对我照顾得非常好，我们八到十个人吃一盆饭，两个菜一个汤，她们还经常拿钱在街上买粑粑给我吃。我从小没得到过母爱，我是从她们身上感受到了母爱。宣传队边走边演出，主要节目是唱歌，如：《保家乡》《打回老家去》《松花江上》《上前线》《枪口对外》《起来吧，祖国的孩子》等等。我逐渐也喜欢上这些歌曲，平时还哼哼，这段经历对我的音乐启迪很大，我后来终身喜爱音乐就是源于此。

当时的演出场面很热闹，看的人很多，下面的观众也跟着唱。我记得最后一首歌是："举起火把，上前线去……"演员举起火把，在台上跑来跑去，气氛很热烈，台下的气氛也很热烈。另外，还有临时编的剧，演出时间一般一个多小时。演出不卖票，我不知道她们经费的来源。

我与她们共待了两三个月，到了永川后她们把我送到孤儿院就走了，那四十块钱也交给了孤儿院。我舍不得她们，还想跟她们走，那几个月是我童年时代最最快乐的日子。后来我一辈子都想念她们，她们只比我大十来岁，也许还有人活在世上，但是我不知道怎么去找。

在永川孤儿院，我很孤独，吃得也很差。不久我就病了，下身肿得像水壶那样大。他们说我要死了，也不管我，我跑了出来，跑到农村去要饭。有一个农民问我愿不愿意给他当儿子，我说愿意，他就收留了我。

我给他当了几天儿子，天天吃青菜，觉得不好，于是又跑到永川街上来。在街上，我遇到一对做锡壶的夫妇，两口子没有孩子，他们收养了我，让我读书、扫地。我野惯了，受不了约束，我想回去找妈妈。

几个月后，大概是1940年的春天，有一天我偷糖吃，在米罐子底下发现一沓钱。我想，好了好了，有路费了，我要走。我拿起钱就跑。大概走了半个小时，养父母追上来抓住我，把我偷的钱收光，并宣布不再要我。他们走后，我发现还有三十块钱掉在烂棉袄里他们没有看见！我一路步行、一路要饭，从永川走到重庆。

歌乐山下来有个二十四兵工厂，我走到一家面馆讨饭，面馆里有个十四五岁的娃儿叫对面卖甘蔗的杨二娘："杨二娘，杨二娘，这儿有个娃儿没人要，你要不要？"杨二娘30来岁，没小孩，她收留了我。杨二娘对我很好。我平时早上起来捡炭花，断断续续到二十四兵工厂子弟学校读书。读一年休息一年，断断续续读到高小二年级。

后来我又跑出去，跑到歌乐山，看到路上在过兵，有些兵在休息，我就上前讨钱，有个人叫周海成，也是綦江人，那时我叫周海，他动了乡情，去给连长说情，把我收留下来当了国民党连长的勤杂工，没干多久，我同周海成决定回綦江。他说，我们回去要风光一下，要当个官，于是我按他吩咐偷了连长的大衣、肩章。他穿上风风光光地回綦江。我跟他回到綦江，找到了母亲。母亲已经又嫁了人，又生了三个娃。我在家里住了一段时间，觉得压力大，于是又回到了杨二娘家。

解放之后，我参了军，是四野，到湘西剿匪，后来又上了朝鲜前线。

采访地点：重庆市沙坪坝区药剂学校

第八章 血火救护

东水门及城墙

日军企图以猛烈的轰炸、死亡的恐怖，摧毁国民政府和中国民众的抗战意志，从而达到其“以炸迫降”的战略目的。然而，他们万万没有料到，中华民族在弹坑加弹坑的废墟中，竖立起了顽强不屈的“精神堡垒”，在尸体加尸体的血腥里，凝聚了一个伟大民族的浩然正气。抗战八年，四川300万子弟参军奔赴战场，陪都重庆，千万民众团结互助，展示了前所未有的精气神。

重庆大轰炸，要记录的不仅是轰炸的惨烈民众的悲苦，更重要的是记下我们前辈那令人感佩却被人遗忘的精神品质。

侵华日军的大轰炸，非但没能让重庆人民屈服，反而“愈炸愈强”。面对敌人的入侵，重庆人民表现出来的抗战精神、爱国主义和民族精神，都值得我们研究和弘扬。

——重庆抗战大后方研究中心常务副主任、西南大学教授潘洵

郑 勇

女，82 岁

抗战时我是学生，在慰劳总会救护训练班学习。救护训练班是宋美龄在重庆办的妇女组织，设在求精中学，陪都妇女团体的总部在那里，宋美龄经常来。

还差一个月毕业时，大轰炸开始了，“五三”那天，刚下课，飞机突然来了，我们躲在沙包下。轰炸后，我们马上出去救护。出去一看，妈呀，到处是尸体！我当时十七八岁，很害怕。我们收了很多伤员回来，地方小，没地方住，就睡在坝子里，厕所边也睡了很多人。

我们 5 人一组，一人负责填写伤票（用橡皮筋裹好，带在手上），一个人负责包扎，一个人上药。我们 30 个同学组织了 6 个队，天天如此。

“五四”那天最惨，日本人投了很多燃烧弹，解放碑至会仙楼炸完了也烧光了，断电、断水，一塌糊涂。病人抬不出去，只有从临江门下坡到河坝那条路。但是，船一到人就一窝蜂扑上去，挤得太满，有的船开出去就沉了。一些船见状不敢靠岸。我们无法上船，只好穿起工作服，包上有红十字，上面写有“重庆市空袭委员会紧急救护队”，宪兵才特地允许我们上船过河。

年轻时的郑勇

第二天回来，火熄了，房屋差不多烧完了，但我们医院只炸了一个角。

每次投弹后，飞机还在上空飞，警报没有解除我们就得出去救护。市中区、南岸区、沙坝坪区、江北区都去。我们没有救护车，全凭两条腿跑，跑得气都接不上来，天天如此。警报解除后，伙食团师傅挑一担煮鸡蛋，每人发两个揣在包里。

我遇到的最惨的有两次：一次是 8 月 25 日夜袭，老百姓在中央公园里躲，恰好那个地方挨了炸。我们去了四五个队，跑去一看，我们这群姑娘骇得不得了！那简直是个屠宰场！肉、腿挂在树上，地上到处是残缺不全的尸体和伤员。我们虽然学过尸体解剖，但看到那个场面，还是浑身发抖。轻伤的我们顾不上了，随便擦点药，我们只管救重伤员。肠子炸出来的，把肠子塞进去裹上绷带往医院送，我们这一队 5 个人就救了 12 个伤员。其他队不晓得救了多少。多年来，我闭上眼睛还常常看见那一幕。

还有一次炸川盐银行，也是晚上夜袭。第一批来了几架飞机，投弹后飞走了。我们马上出发，赶到川盐银行。那天，银行楼里躲了很多老百姓，他们认为大楼坚固，经得起炸。炸弹正中大楼，躲在里面的人死伤惨重！每一层楼都有死伤。我包扎了五六个，紧接着送医院，回去已经是凌晨两三点钟，人困、口干得要死。刚睡下，飞机又来了，我们慌忙爬起来集合出发，又出去找（伤员）。那些日子我们真的是在拼命。

我们属于医院外勤，只负责擦药、包裹、填伤票、送医院，我在队里负责包扎、上药，也就是擦点碘酒，用纱布裹好。送到医院我们就不管了，伤员归医院处理。闲下来我们做敷料，纱布非得要人手来折，一天要消耗好多。空袭来了包包背起就跑，投弹时随便找个地方趴到地上躲，飞机走了就救护。老百姓很喜欢我们，把门打开端茶给我们喝。其实，不少伤员抬到医院也没得到多大治疗，主要是因为缺药。烧伤病人，用硼酸药膏敷起、纱布裹好就算完。每次轰炸下来，医院截下的腿、手用大箩筐装，装出去怎么处理我不晓得。

有一次慰劳会叫我们到江北模范医院慰劳伤兵，那天是宋美龄亲自带队。我和另外一个队员去了。在那里，我看见有日本病人住院，住的竟然是特等病房，伙食吃得最好，我们心里十分不满。翻译对他们说：中国第一夫人带队来慰劳你们。他们坐在床上叽里呱啦乱叫，我听不懂日语，但看得出他们不友好。我们气坏了，冲着他们说："你们这样不识好孬，（用手比画）破你们的腹。"

我们原定一毕业就到前方做救护工作，但重庆轰炸打乱了安排。不过，后来我们训练班的 30 个姑娘中有 28 个先后都去了前线，我和另外一个人没去。我到了战时儿童保育院，开始在觉林寺（南岸第五人民医院），后来到了第十重伤医院。到前方的 28 个人中，有的牺牲了，其中包括队长，有的回来后改行做了其他工作，最后只有我一个人一辈子坚持搞救护工作，因为我热爱护士工作。

采访地点：重庆市沙坪坝区歌乐山胸科医院

采访后记

郑勇老人住在歌乐山上一间宁静的平房里，是她的一位侄女、我的朋友朱女士告知我她的情况并亲自带我前往。

老人已经完全丧失了听力，采访靠用笔提问。好在老人受过良好教育，并且对往事的记忆十分清晰，更主要的是她的口述条理非常明晰，因此，整个采访一点也不困难。

她娓娓道来，自始至终语气平和，但在平和的语气下，流淌出的是一段惊心动魄的历史。

背景资料

医护委员会是救死扶伤的指挥、组织中枢，在城区和郊外设立了14个重伤医院，有病床2 230张，并建立了一支专业救护队伍。在1939年“五三”“五四”大轰炸后四个月内，一万余名红十字会救护队员救护重伤难民5 633人，住院治疗1 780人，治愈出院1 447人，死亡230人，裹伤3 853人。

《新华日报》1939年5月4日发表特写：

红十字会的救护队在警报中来回奔走着。女救护队员带着药箱飞奔过山坡前往被炸地区，替受害同胞敷药包扎。防护队、消防队出入于火光中忙着拆墙救火。

这是怎样伟大的精神啊！

5月6日是敌人“大屠杀”后的第三天。撒下夜幕的时刻，我便和一个新自南洋归来的华侨青年，开始作重庆市夜的巡礼。

上清寺成了最热闹的区域，各机关免费输送受难同胞的公司汽车，都在这里活动着，宪警同志挥汗维持秩序，某某师的“帮助被难同胞搬运物件服务队”的二十多个青年官兵，手脚不停地替被难同胞搬运行李……”

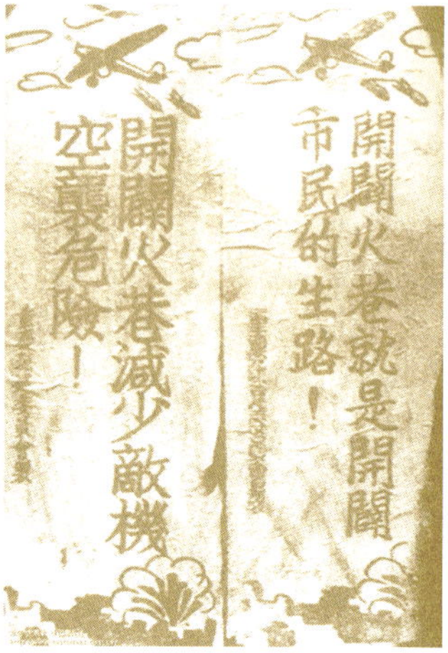

当年街头的标语

某机关妇女服务队五六个人也在这里扶助着被难的妇女同胞，特别是老弱妇女，如同扶助她们自己的慈母一般，态度是那么亲切和蔼，充分地表现出人类友爱互助的精神，这是怎样伟大的精神啊！

（摘自《全民抗战》第70号，1939年5月13日出版）

刘耀筠 我所经历的“实习”生活

女，83 岁

1938 年我从资阳来重庆，考取了重庆市宽仁医院高级护士学校，学校是洋人办的私立学校，四年制。我是班上的班长，也是女青年会会员。

我刚读了半年，就遇上了日本的轰炸，我们马上被派去“实习”，抢救伤员。我被分在求精中学校内设立的第十重伤医院。

我的工作是给伤员清洗、包扎、换药、喂饭、护送进防空洞等。对那些无家可归的、家属死光的或外地来的伤员，我们更是要全部包完。医院专门设了两间屋，每间屋二十张床，专门用来收留这一类人。敌机来了，不能进洞的重伤员，如吊腿的、腰伤的、动弹不得的，我们要陪着他们。重伤员害怕，我们守在他们身边，对他们说：“日本人炸不死的人，我们一定要救活!”有一次七天七夜不解除警报，我们都陪着他们。他们看我们年纪轻轻都不怕死，感到十分宽慰。我最初也害怕，后来看到日本人太猖狂，中国人死伤惨重，心里非常愤怒：中国人为什么这么受欺负?! 心中有气，就压倒了害怕。

医院院长本人也很英勇，他经常鼓励我们：艰苦奋斗，爱我中华，宁肯流血，不要流泪。这也成了我们这群姑娘当时的口号。那时，上上下下的人都很爱国，大家一心一意抗日，有些逃亡的学生自己组织起来到医院来照顾无家可归的病人，给他们打蛋花、煮稀饭、炖汤，无法吞咽的，就通过鼻孔喂进去。

有一次在重伤医院门诊，我遇见一个重伤员，他全家都死光了，只剩他一个，他也快不行了，我去护理他、安慰他，一直看着他断气。他手上有一块表，已经被炸坏，我把这块表取下来，保存了一辈子，直到去年才交给市博物馆的秦晓。

还有一次我们到临江门去接生，那一家被炸得一无所有，搭了一个棚，连开水都没办法烧。家中只有孕妇一人，她的其他亲人都被炸死了。我也是个女人，想到孩子一生下来就没父亲、没有家，心里很难受。在那几年的“实习”中，我经常遇到这类令人十分伤心的事。

有时伤员太多，我们这些年轻姑娘又要当护士又要当医生。身体有伤口，大口子用针逢，小口子拿胶布粘，那是真正的学习与实践相结合。我学脑外伤，就是在现场学，印象深得很。

防空洞里也有病床，照样吃药打针，我们在一旁守护，抽空就在油灯下读书学习。看见下雨，心里就高兴：下雨，飞机不会来，快去找老师上课。

若天气好，就把一切东西准备好，而且要比平时多准备些，随时准备出去。我当时想的是，日本人你凶，我不怕，我们要团结，要和你斗，斗到底。

采访地点：重庆市九龙坡区南方花园

背景资料

空袭服务人员是无数流离失所、无家可归难民的“命运守护神”。他们从事收容运配、供应茶粥、医药救护、抚慰灾民、发送干粮、发放抚恤金急赔等工作。1941年3月到11月，陪都空袭服务总队先后出动84次、工作20 000小时，供应饼干12万人，供应米粥茶水94 000余人，发送数以吨计的慰问袋、慰问金及毛巾、肥皂、食物、万金油等生活必需品。

重庆空袭紧急救济联合办事处5 500名队员承担着伤亡抚恤、收容安置和善后处理等繁重工作。仅1939年5月至8月，即抚恤5 352人，其中发放死亡恤金85 610元，重伤恤金15 680元，轻伤恤金5 240元。同期，在江北刘家台兴隆桥、南岸真武山野猫溪及市区兜子背棺葬尸体共5 144具。

特别难能可贵的是，这些涉及大量金钱、货币、财物的工作，很少出现贪污、挪用、贿赂。

陈亚雄

在大轰炸期间，我曾参加防护团的工作。防护团由政府领导，每一家商店、每一家公司都要派一个人去参加，由当地的镇公所、街道（相当于现在的街道办事处）领导起来。

防护团不发工资，工资都在老板那里领，与国家没有关系。国家只是来领导这个防护和救护工作。队员有统一的服装，但服装钱是由老板出。每一家商店都要出若干个人，组成一个队，一个地区就有几个分队。我当时二十几岁，是分队长，又叫作国民兵分队长，监督地方防护团的工作。一有空袭，防护团就要上街去维持秩序，服务、疏散老百姓，这是主要的工作和责任。轰炸之后，就要到现场去救护伤员，维持秩序。

“五三”那天，炸下半城的多，炸得非常厉害。下半城就是陕西街至商业场这一个方向，现在的解放西路。我记得我们到望龙门、人民公园下来那儿，尸横遍野。房子倒了，人烧卷了，就像烤猪一样，看得人心里很不好过。

我们的队员都去抢救，把还能救活的抬起送往医院。“五三”那一天，我们从下午一直干到傍晚。

第二天，炸上半城、炸解放碑这一带，解放碑有防护团，我们就没去，但是晚上我们去看，到处在燃烧，简直惨不忍睹。

“五三”“五四”大轰炸后，我们这个明月公司的老板就把房子卖了，给了我们一点生活费，职工全部遣散了。

采访地点：重庆市渝中区大溪沟人和街

背景资料

重庆市防护团是最庞杂、最大的防护、救护组织。两万余名防护团员抢险救灾、救死扶伤，负责警报、警备、交通管制、灯火管制、避难管制、消防、救护、防毒等工作，是重庆“消极防空”的主力军。

1940 年“八一九”大轰炸后，警报刚刚解除，两千余名电力工人就修复了几十条被炸线路，3 小时内全市即恢复光明。

1941 年 6 月 12 日，大溪沟起水厂除唧水机外全部厂房、锅炉和发动机被炸。经 600 名职工三天三夜奋力抢修，即恢复供水。大轰炸期间，重庆市电力供应不仅没有减少，反而逐年增长，1942 年供应量达 4 886 万度，其中生活用电增加 5 倍，动力用电增长 20 倍，创造了世界各国首都电力供应的奇迹。

刘管如

“五四”那天我从郊外的磨盘山进城，到城里开“五四”运动纪念会。下午，日本飞机来了，我也找不到防空洞，只得在通远门的墙下蹲着。日本飞机飞得很低，用机枪扫射。接着是惊天动地的爆炸，那个震动可怕得很，我觉得自己不是靠着城墙，而是在大海上颠簸，随时可能葬身大海。那种恐怖记忆太深刻了。

没过多久，大概 20 分钟吧，警报解除了。我看见防护团的担架抬着伤员匆匆地从通远门走过。有 20 多个担架，上面的人有的断了腿，有的人整个脸都没了，血肉模糊。当时医院很少，医生少、床位也少，我心里清楚，这么多伤员抬去，怕是得不到救治。

我忙着到解放碑那边去，走到民生路，过不去，消防队的人正在灭火，我只有从中华路、保安路那边转出去。

解放碑一片火海，那时重庆大多是木砖结构的房子。那个火烧着，很远也能看见。临江门那一边、电影院那一边、五四路那一边，还有公园路那一带，一直烧到大阳沟。烧啊！有的第二天还在烧。我家几代人建立起来的家业，包括那 600 多平方米的大院子全被烧毁！我当时还照了几张相。

重庆城内消防车不够，消防队来救，全靠人工。水是手摇的，就像乡下打水。有自来水管，自来水管破了，就靠人挑河里的水。当时有一种人是靠挑水为生的，凡有火警，尤其是日本的轰炸，这个挑水任务就归他们。从河边担水上来费力，那桶开始是木的，后来是铁皮的。大家同仇敌忾，都热心尽义务。防火的时候也是大家尽义务。防护团带一个臂章，是群众自发组织的。哪儿有火警，哪儿有轰炸，他们就去哪儿。有时日本飞机还没走，警报还没解除，他们就赶来了，直奔现场抢救。

在这儿我特别要说的是，在当时那么险恶的情况下，那些人表现得非常勇敢。一是民间组织的防护团，二是民间组织的消防队。他们自发地干，抬尸体、抢救伤员、手摇抽水，没解除警报一样抢救、救火，一些人牺牲了，后继者马上扑上去，十分英勇。这个防护团和消防队对重庆的贡献很大，尤其是消防队那些尽义务的人牺牲不少。

重庆人民，一定要纪念他们!

采访地点：重庆市九龙坡区杨家坪电力大厦

背景资料

1941 年 6 月 3 日、8 月 20 日，《新华日报》两度撰文颂扬战斗在火海烈焰中的 8 000 名消防队员：

敌机滥炸重庆市区，投下巨量之烧夷弹，惟灾情并不惨重，其所以然者，战时消防总队全体人员之英勇服务与有力焉。渠等均来自民间，且大半为义务职，其勇于工作之精神，实值敬佩。盖每次敌机来袭，投弹甫毕，各区消防人员即以最迅速之行动，冒一切危险驰赴灾区从事工作，一些消防队员还在抢险救灾中献出了宝贵的生命。如 1940 年“八一九”轰炸中，警察局消防队中队长王开元、分队长徐敬于第一批日机轰炸后冒险抢救火灾，不幸于最后一批日机轰炸时，被炸殉职。

我们的水龙是那样少，我们救火的设备是那样贫弱，然而我们有的是伟大的人力，多少人忘记了生命危险在火舌中窜来窜去，我们即使不能立时扑灭火源，但我们一定要阻止它的燎原，消防队员正用自己身上的汗水和为烟熏出的泪水一起放到阻止恶火的蔓延上去，我们眼看着许多房屋、许多私家财物以及多少颗不宁静的心得救了。

重庆市消防人员殉职纪念碑

1947 年 8 月 19 日，重庆市民在中央公园（1949 年之后改为人民公园）建立了一座特殊的纪念碑“重庆市消防人员殉职纪念碑”，大轰炸期间英勇牺牲的 81 名消防队员合葬于此（其中有牺牲在“八一九”大轰炸中的消防队队长王开元、分队长徐敬）。

该碑是国内唯一一块抗战殉职消防人员纪念碑。

方丈大果

原僧伽救护队队员，现罗汉寺住持

抗战期间，罗汉寺香火非常旺，比现在还要旺，都是自觉来的，那时佛教徒有好几十万。

罗汉寺被炸之后，哎呀，那简直是一堆瓦砾了。那时寺庙是木质结构，整个着了火。残墙倒的倒，烧的烧，满目凄凉。我目睹这一切，气愤得很。

那时，老的和尚都离开市区了，留下的都是二三十岁的和尚。年轻和尚组织了一个僧侣救护队。救护队都是自愿参加，但是必须要考验，进到屋里去抢救人的时候，趁火打劫、偷东西是不行的，这个非常重要。佛教对这叫盗戒，没有盗戒思想的人就不行。参加了救护队就要随时待命，轰炸后，救护队马上就要冲出去。没有轮渡，就自己划木船，把担架抬上，船翻了、筏翻了，就游水，哪怕上面的机枪扫射，照样走，生死不顾。

救护队有二三十个人，个个不怕死。也没有什么报酬，也没有任何待遇，抢救的时候，脚扎在钉子上了，自己买药包扎起来接着干。僧装也是四个兜，这四个兜装着止血药、胶布这一类的东西，先把血止住，包扎起来，胶布粘好，赶快往医务所送。

我们对众生有一种无比的热爱，众生就是我们的生身父母，那是宗教的精神、忘我的精神，我不入地狱谁入地狱的大我精神。

这个不怕死的和尚救护队，让人们齐口称赞，连《国民日报》还有《大公报》，都报道过。

（方丈大果由贾丁等采访）

背景资料

1939 年，求精中学师生不愿悬挂美国国旗躲避轰炸，要求校长挂上中国国旗。“即使遇难，也要坚持挂中国国旗。”

心月法师

原僧伽救护队队员，现华岩寺住持方丈

我18岁出家，在21岁到23岁时，参加了僧伽救护队，救护大轰炸受难者。

日本人轰炸重庆，有些人炸伤了，有些人无家可归。我们出家人，乡里的、庙里的、城里的，都是兄弟姐妹，他们受了伤、遇了难，我们不忍坐视不顾。我们去救护，把他们送到医院，想法子减轻他们的痛苦。

能海法师在罗汉寺组织了护国续朝法会，做法事。我也去了，做一些护理法事的工作。

老百姓自觉地来参加。每次法会后，有的人就没走，住在那儿。罗汉寺没被炸的时候，规模很大，可以容纳几百个人。第二年，罗汉寺被炸了，我们去看过，整个寺庙都被毁了。当时人没有被炸，拉警报后大家就都跑掉了。被炸后，在罗汉寺的生活非常苦，要搭棚子住。

背景资料

1940年3月18日，长安寺、罗汉寺、慈云寺、华岩寺70名青壮僧人响应太虚大法师“愿全世界佛教徒速起灭此恶魔”之呼吁，组成僧伽救护队。

在1940年、1941年的两个血腥夏季，他们脱下袈裟，身着短褐，头冒烈火浓烟，脚踏碎片瓦砾，穿行于断垣残壁，奔走于火墙烟障，救出数以千计的伤残同胞。

1941年重庆较场口大隧道惨案，四寺青壮和尚赶往现场全力救护，并在大隧道洞口内“施放焰口佛事”三天，超度亡灵。

陈代六

流亡重庆难民，大轰炸亲历者，87 岁

我 1932 年在川东师范毕业，考入民生公司。在学校读书时，教师们都非常爱国，"九一八"事变，师生们群情激奋，决不当亡国奴，要为祖国的强大贡献自己的一切。

民生公司是一个非常爱国的民营大企业，在抗战时期，民生公司倾尽全力，冒着日机的轰炸，抢运西撤的人员和财产。全公司前仆后继，死了多少人呐！你们一定要去了解民生公司当年的英勇事迹。

我经历了重庆整个大轰炸，目睹了日本飞机的猖狂和残暴，我经常在死尸和废墟中行走，看到一幕幕家破人亡的惨剧。最让我感叹的是重庆人的英勇和坚韧不拔。

重庆人是巴人的后嗣，巴人自古英勇顽强、不怕牺牲。那时，重庆人的爱国热情很高，抗战时全国各界精英汇聚重庆，宣传抗日，这又鼓舞了重庆的士气。还有，重庆是个山城，爬坡上坎，生存艰辛，磨炼了重庆人不怕困难、吃苦耐劳的性格。在日机狂轰滥炸的日子里，重庆人没有屈服。白天家被炸了，晚上用破砖和木棍支起又干，又炸又干。亲人炸死了，掩埋了尸体，抹干泪水又站起来。在尸体加尸体的恐怖中，在鲜血接着鲜血的日子里，重庆人精神没有垮，他们真真是前仆后继、坚韧不拔。他们的这种顽强精神，对全民族的抗战，是巨大的支持和贡献。

采访地点：重庆市渝中区大田湾体育场大同村

曹宗烈

重庆大轰炸亲历者

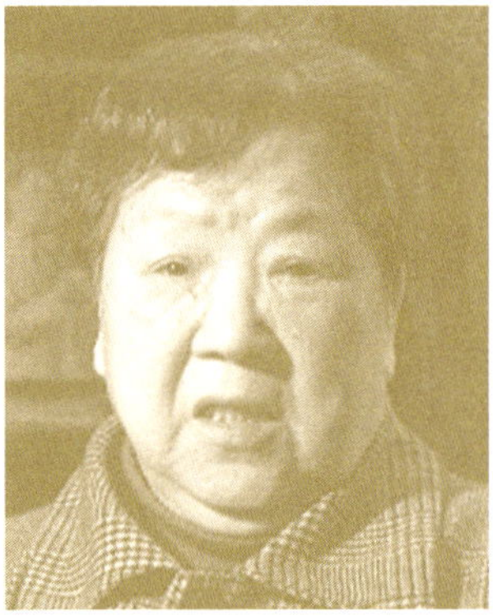

那个时候的人们，特别是学生，都有很强的爱国精神。我都想去当义勇军了。我对我妈说我要走了，我妈不让。

我们就去演戏。我最喜欢演戏装男娃，我声音也洪亮，唱《松花江上》：“我的家在东北松花江上，那里有森林、煤矿，还有那漫山遍野的大豆高粱。我的家在东北松花江上，那里有森林、煤矿，还有那衰老的爹娘。九一八，九一八，从那个悲惨的时候，九一八，九一八，从那个悲惨的时候，离开了我的家乡。”我边唱边流泪。那个时候，我们同学一起唱歌，都是唱救亡歌曲，比如《毕业歌》《黄河谣》《游击队歌》等。

作为学生，我们都有这样的认识：如果没有国，就没有家。要有家，你必须要保国。我们对国家的概念是很深的，对民族的概念也是很深的。中国人不做亡国奴。记得还有这首歌：“中国不会亡，中国不会亡”“大家一起，工农兵学商，一起上战场。”这些歌唱起来，你情不自禁地就很投入。我们同学个个都想去当兵，当女游击队员。

采访地点：重庆市渝中区大溪沟人和街

背景资料

“五四”之夜

曾对中国老百姓的自私、卑怯、懦弱、麻木、愚昧有深刻洞察的老舍，在目睹大轰炸惨状并亲自汇入逃难人群之后写道：

没有哭啼，没有叫骂，火光之后，大家静静地奔向公园。偶然有声高叫，是服务队的“快步走”，偶然有阵铃声，是救火车的疾驰。火光中，避难男女静静地走，救火车飞也似的奔驰，救护队服务队摇着白旗疾走；没有抢劫，没有怨骂，这是散漫惯了的、没有秩序的中国吗？像日本人所认识的中国吗？这是纪律，这是团结，这是勇敢——这是五千年的文化教养，在血与火中表现出它的无所侮的力量与气度！

附　录

在反轰炸、反恐怖的漫长而英勇的过程中，中华民族深厚的爱国热忱和浩然正气显示了不可征服、不可摧毁的力量和气概，孕育了饮誉中外的重庆精神。这里摘录当年报刊上的几则评述：

在重庆，并不曾有人喊过“重庆精神”。
重庆精神，默默地表现于坚忍不拔。
重庆精神，默默地表现于刻苦克难。
重庆精神，默默地表现于牺牲奋斗。

——《大公报》

近几天的轰炸，一方面暴露了敌人的残酷，一方面更表露出我们的精神。战时陪都上下一致，挺起胸膛来，应付当前的危难，在敌人的轰炸下，我们更加坚强了。每次空袭一过，马路上立即发现许多穿海品蓝布的电厂工人，身上背着沉重的电线和工作用具，猿猴般地上升到电杆巅上，沉默地工作。

——《新华日报》

我被灾受难同胞，或倾家荡产，流离失所；或断肢折臂，惨遭杀伤。但我同胞处危若安，临难不苟，理乱治紊，乃益加镇定与奋发，威武不能屈之精神，诚足彪炳千古，昭揭全世……

——《国民公报》

宗教的热忱，爱国的情绪，同仇敌忾的心理，只有因轰炸而表现而提高而加强！民族的一切美德，平时蕴藏着的，借轰炸而全盘的烘托出来！同生死，共患难，无分男女、无分贫贱的民族团结力，借敌人的炸弹而锤炼成钢铁般的坚实。敌人自从开战时就盲目地滥炸，毁了我们的房屋，杀了我们的民众，现在变本想用这种无人道而卑鄙下贱的手段更残暴地打击我们，天下能破坏的是物质，绝对不能动摇的是意志……

——《新蜀报》

每次空袭后，总能看见一些人牵着失去父母的孤雏，像一头柔和的小羔羊，带回家去爱抚。还有一些人，扶着老叟慢慢地走进救济处。偏街小巷，电线有未及修复者，家家门口点有“太平灯”，便利行人。（注：轰炸后，市区很多地方都没电，许多老百姓点亮自家油灯放在家门口或路边，为路人照亮，人称“太平灯”）这里没有阶级的距离，亲疏的隔阂，纯是一片人类伟大之爱的融流。

每个人都在敌机狂炸下，改变了平时只关心自己不顾他人的传统习惯。当你踏进难民收容所时，一定可以听到下列的语句：

“你走累了，我帮你拿些东西，好吗？”

“你渴了吗？我的热水壶里还有些水哩！”

“各人自扫门前雪，休管他人瓦上霜”的格言，已无人愿去遵循了。

——《新民报》

先烈之血
主義之花
中正

中心市区自午至晚焚烧之区，大小火头有三四十处，延烧至夜八时后尚未熄，使人灭寝忘食，坐立兼不能安……徒凭满腔热忱与血肉与倭寇之高度爆炸弹、炮弹相周旋，于今三年，若非中华民族，其谁能之?!

——蒋介石在重庆市黄山目睹日机轰炸市区，当日写下日记

兴建陪都“精神堡垒”

国民政府为坚持长期抗战，实施精神总动员，决定兴建陪都“精神堡垒”。

“精神堡垒”1940年底动工修建，地址选在重庆市场中心最繁华的原督邮街十字路口上，该地在“五三”“五四”大轰炸后已成为一片废墟。

“精神堡垒”于1941年12月30日竣工，它高七丈七尺，取纪念“七七”抗战之意。面向民族路一方，题有“精神堡垒”四字。顶端中央，放置一口深蓝色大瓷缸，内贮燃油、棉条。每遇重大集会，即可以用酒精点燃，熊熊火焰象征中华民族自强不息的伟大精神。

第九章 碧血蓝天

航校学生将奔赴战场。
（图片来自朱力扬《中国空军抗战记忆》）

那是一场实力悬殊的长空搏杀，但那又是一场勇气凌云的拼死抗争。弱小的中国空军，我们民族最优秀的年轻男儿，把满腔碧血，挥洒在祖国的万里蓝天。

“得遂凌云志，空际任回旋，……民族兴亡责任待吾肩，长空万里复我旧河山”，多少中国空军英雄唱着这首悲怆激越的歌曲，义薄云天、视死如归。

“我们的身体、飞机和炸弹，当与敌人兵舰、阵地同归于尽。”

——中央航空学校精神训条

夏明彪

璧山空战亲历者

我是荣昌人，1914 年出生，民国十七年（1928）被抓壮丁来到重庆。我在佛图关国民政府军事委员会别动队第二支队四大队十二中队六队当新兵（二等兵）。民国十八年（1929），别动队改编成两个师：十八师、十九师。我们是十九师。“五三”“五四”大轰炸时，我住在李子坝的交通师。5 月 3 日那天早上，一起来就听说中山公园的鹦鹉叫：“要遭！要遭！”那时不晓得厉害不晓得躲（防空洞），望龙门的老百姓躲在树林被炸死完了。当天人们就往外逃，很多人走不动，从两路口到磁器口马路里两边睡满了人，逃亡的人太多，东西多，太拥挤了，我们出来维持交通。有汽车就来把一些老弱弄上车运走。也有人请人挑，下力人要高价，我们就不准，要他们照平常的价格（两三块钱）支付。

轰炸时老百姓很可怜，不要命地跑，有些人钱跑掉了，我们喊：“钱掉了！”他们也不管，仍旧跑；一些老百姓害怕，把当兵的抱住，哇哇地哭。

我们当兵的那时不晓得怕了，打起来，该死就死。

“五三”“五四”之后，十九师差干部在长寿办学校培训，我就住学校了，后转到璧山。民国十九年（1930）七八月割谷子时，我调到野战步兵营第三连当班长，在司令部情报室看情况。那一天日本飞机突然来了，有 50 多架，我们空军从成都飞来 18 架。日本飞机把我们的飞机包围，我站在树底下看，日机两架包围一架，我们的一架飞机被击中，飞机冒黑烟，飞行员跳伞。日本飞机追下来扫射飞行员，他的脚被打伤。我们跑去救他，他是一个大胖子，湖南人。我们把他抬上车，送往歌乐山中央医院，这个飞行员后来没死。

还有一个飞行员，也是湖南人，叫纪国殿，我去看时，他的骨头都烧烂了。他头天刚结婚回来，第二天就遇上这次空战，不幸阵亡。我们从他身上发现他新婚妻子送给他的一个笔记本，上面浸满了鲜血，但他妻子的题字还很清楚，是秀秀气气用毛笔题记的“永护领空”几个字。另一个飞行员整个人陷进田里，只留一个头皮在面上，我们挖了很深才把人挖出来。

很多飞机掉在附近，几块田的谷子都被烧了。我在地面目睹了这场空战的全过程，我们的飞机共被打落13架，打伤10架（实际11架），牺牲9个飞行员（实际10个）。真真全军覆没了。我们清理烂飞机，找尸体，忙了好几天才干完。

那一次，日本飞机一架都没被打下来。

采访地点：重庆市九龙坡区石桥铺夏记诊所

采访后记

采访夏明彪老人已经是晚上。在石桥铺一所破旧的房子里，老人半躺在床上，灯光昏暗。

老人一生的经历应当是一本厚重的书。民国时期，老人的耳闻目睹和亲身经历一定丰富饱满；进入新中国之后，作为国军老兵的夏明彪想必命运坎坷、磨难深重。对这种难得的“历史人物”，我本应深入采访。可惜，当天重庆天气十分闷热，老人简陋的房子里没有空调，再加上老人身体比较虚弱，而我经过一天的采访也十分疲惫，因此匆匆告辞。

重庆璧山的那次空战，极其惨烈悲壮，而夏明彪老人又是一个极其难得的当事人和亲历者，可惜当时我对那次空战的背景和史事一无所知，因此没有重视，也没有深入采访。

现在，再也找不到像夏明彪老人这样的亲历者了，我只有在后来的讲台上，给新闻系的学生讲起这个教训。

背景资料

1940年9月13日，在重庆璧山县上空，中国空军34架飞机与日本18架初次参战的最先进的零式战斗机发生激烈空战。20分钟内空战结束，中国飞机被击落13架，击损11架，飞行员阵亡10人，受伤9人。而日机毫无损伤。

这场史无前例的空战是中国空军对日作战的一个分水岭，空战结束后，整个作战部队元气大伤。从此，日机动辄出动上百架轰炸机对重庆、成都狂轰滥炸，零式战斗机肆意横扫重庆周围的空军基地。

在实力相差太大的情况下，为保存中国空军血脉，中国空军正式进入了“避战”时期，此后每逢警报，重庆近郊四个机场就转移回避。

注：关于璧山空战中国空军的具体伤亡（人员、飞机），可参见《中国空军抗战记忆》一书（朱力扬著，浙江大学出版社2015年版）第241页“1940

年9月13日璧山空战中中国空军伤亡表”。

日本三菱公司研制的“零战式歼击机”，是当时全世界性能超群的歼击机。零式战斗机时速533千米/时，中国空军的主力战机I－15和I－16时速340千米/时，此外，其机动性和火力等都优于中方战机，该战机后来曾在珍珠港、珊瑚海、中途岛上空大逞威风。

胡品杰

当年空军机械师

1937年上海抗战前，我从浙江绍兴老家来到上海，在华南电器行当学徒。“八一三”事变后，我从上海逃出，到南京大校场机场当了一个机械师。不久，上海失守，日本飞机猛炸南京，我随厂迁到宜昌。日本飞机紧跟着又炸到宜昌，我们一个机械兵下颚被炸掉，当场就死了。我从上海逃到南京，坐的难民车，就是现在用来装煤炭的那种货车。一路走了三天三夜，八月份很热，也没水，我们就去捡西瓜皮来吃。每到一个小站，车子一停下来，就有人爬上来。

我一路上都看到空战，日本飞机飞得很高，一来就是几十架，可恨打不下来。我们的飞机上去对打，多数是我们的被打下来。他们的飞机速度快，我们的慢。当然，他们的轰炸机也有被打下来的。我记得有一个飞行队长姓刘，叫刘啥子刚，他打下来几架日本飞机。刘队长的飞行技术很好。在南京，日本飞机被打下来的时候，老百姓用锄头把那些已经烧死的飞行员的脑壳砸破。恨啊，大家都恨！

在南京以后就没再看见日本的飞机被打下来，只有我们的被打下来。飞机往上打不行，飞机主要是上面往下打，你飞不到上面去就打不了它。我们的飞机速度慢，飞不过人家，所以经常被打下来。他们的轰炸机要飞得慢一些，可是飞得高，我们那些小飞机上不去，上不去就打不了。有时轰炸机飞低空，我们的小飞机去打，就能把它打下来，可战斗机就很少能打下来。

那些年，日本飞机追着我们炸，我们一路逃，他们一路炸。在南京，我们的飞机还升空迎战，打来下几架。后来，我们的飞机起飞就是逃跑，整个天空都变成日本人的天下。当时我痛感，中国太弱，日本人欺人太甚！

在重庆的时候，我在广阳坝飞机场干过，在白市驿飞机场也干过。敌人的飞机一来，我们的飞机就跑了。日本飞机在那边飞，我们飞机往这边跑。没办法，打不赢我们只好跑。日机要是到了万县，我们的飞机都跑光了。等到敌人飞机走了，我们的飞机再回来。

那时我们的飞机是苏联生产的，主要有两种：双翼I－15和单翼I－16。I－16飞得要快一些。两年后，美国的陈纳德来了，带来了美国的作战飞机，情况就反过来了。不过，那时我已经离开重庆的飞机场了。

因重庆炸得凶，我们又搬到成都。在成都仍然挨炸。有一个飞行员到苏联出差去了，他老婆带着五个小孩和一个保姆留在成都。当时我们住在成都南门外。成都是平原，没有防空洞，日机来那天，我们往外面跑，我和新婚的妻子躲在一个壕沟里，飞行员的妻子和她五个孩子躲在不远处一个弹坑里。她保姆见太挤，就跑到一棵树下躲。日本飞机（三架）可恶得很，冲着那个坑丢了颗炸弹。炸起的泥土把我和妻子埋在沟里，但我们没受伤。

飞行员的妻子和五个孩子当场被炸死，他妻子怀孕，肚子破了，露出胎儿一只脚。那情景太惨太惨。他们一家，只有保姆侥幸活下来。那飞行员从苏联赶回来，看到一屋大大小小的棺材，气得掏出枪来就要自杀，旁人慌忙把枪夺下。他后来疯了。

这是我的一次目睹，在重庆也有一次。有一次我趴在地上躲飞机，附近"轰"的一声，一整条女人的腿落到我的鼻子下，那条腿穿着丝袜，里面塞满了钱。

采访地点：重庆市南岸区水泥厂职工宿舍

陈代六

上海市民，流亡重庆难民，87 岁

我在郊区的时候，空袭来了，我就出来看。日机丢照明弹轰炸。我们的防空部队先用探照灯，把一股股光打上去，有十几二十股光，在天上扫来扫去找敌机，要是有一个探照灯先找到敌机了，其他探照灯就一起集中，这样敌机就能看清楚了。接着高射炮就打上去了。晚上，高射炮路线形成一股股白线，指向敌机。

可是，当时我们装备太差了，看得见，但打不下来，干着急，也没办法。那火星是看到了，实际上隔敌机还很远。敌人知道我们高射炮的性能，若那高射炮能打 2 000 公尺的话，它就飞 2 500 公尺，若我们有 2 500 公尺射程的话，它就飞 3 000 公尺，我们的高射炮打不到它。

采访地点：重庆市渝中区大田湾体育场大同村

背景资料

成都双流空战

1941 年，急需新式战机的中国从苏联购买了一批 I－15Ⅲ战机，可这批新式飞机亦非零式机的对手。1941 年 3 月 14 日，12 架日机来袭，成都防空司令部令 31 架新式飞机升空迎战，结果中方飞机全毁 13 架，受伤 8 架，第五大队大队长黄新瑞、副大队长岑泽鎏等 8 位飞行员牺牲。而日机无一损伤。

（《中国空军抗战记忆》第 252 页）

1935 年 2 月，部分航校毕业生在轮船上留影。照片中除陈汉章（左二）、张俊位（左三）、姜献祥（左六）外，其余五名皆于抗战中牺牲。（图片来自《中国空军抗战记忆》）

陈辅明

76岁

有一次跑空袭，我和我表兄等四个人一块儿坐船去乌龟石，遇见了旋涡，那个旋涡水把船打得直转转，把我们从朝天门一直转到溉澜溪那个塔那儿。我们吓坏了，都是为了跑警报。

日本飞机说来就来，如入无人之境。国民党的飞机没法跟日本飞机对抗，我也看见过我们的飞机被打下来，那飞行员用滑竿抬着，我都看到过。

美国航空飞虎队来了后，情况就不一样了，飞虎队的飞机凶得很，可以把日本飞机打落。那天，我在店里，外面吵得很，人们说美国的飞机来了。我出来看，十几架飞机就在临江旁边飞，声音很大，气势也很大。飞虎队的飞机两边画着牙齿形的图案。没隔几天，日本飞机来重庆，就被飞虎队打落了，晚上也有被打掉的，这一下日本飞机就不敢猖狂了。

那些美国飞行员，都穿着皮衣服，皮背心上用汉字写着："来华助战洋人，居民一起保护。"飞虎队住在白市驿机场，放假时就来重庆市区玩，四五个人一块，开着吉普车来。

抗争胜利那天，我正在牛奶厂，一宣布胜利，整个市面一片狂欢！外国人也是，几个外国人相互抱着，跳到街上去了……

采访地点：重庆市渝中区大坪九坑子

飞虎队陈纳德将军（图片来自娄山作：巨幅画卷《浩气长流》局部）

背景资料

陈纳德与“飞虎队”

1937年5月，美国陆军航空队退役上尉陈纳德应邀来华，后受任中国航空委员会秘书长宋美龄的军事顾问，并被聘为中国空军上校。他在中国待了八年，成为在中国与日本作战时间最长的美国军人。

陈纳德认为，帮助饱尝空袭苦难的中国民众，既是回报中国的“知遇之恩”，也是实践美国人民抗暴济弱的传统精神。

1941年8月1日，一支由陈纳德率领，包括100名飞行员、196名地勤官兵、100架美制P40战机的美国雇佣军，正式编成“中国空军美国志愿航空大队”，又称“飞虎队”（“飞虎”是中国百姓送给志愿队的美称和雅号）。

1942年至1945年，陈纳德指挥美国第十四航空队，共击落、击毁日机约2 500架，击沉、击毁日军军舰军船406艘，炸毁、击坏日军机车710余辆，击毙日军7万余人，打击了日本空军的嚣张气焰，重新夺回了制空权。

据美国官方公布的数字，在持续三年飞越驼峰航线的援华空运中，美国空军为中国空运各类战争物资65万吨，损失飞机468架，牺牲、失踪飞行员和机组人员共计1 579人。

在华作战的美国空军，其先驱是“美国志愿航空队”，即飞虎队，其作战主力是“第十四航空队”。这都是由陈纳德将军指挥，并自始至终都在中国作战。正规编制6万多人，仅南京抗敌碑刻石的美国空军在华阵亡将士就达3 800多人。撇开其他不谈，只就陈纳德组织志愿队援华抗战和指挥第十四航空队夺回制空权、克敌制胜，就应该受到中国人民的尊敬和怀念。

华人杰（原驼峰航线飞行员、北京航空联谊会会长）

黄成法

武汉市民，流亡重庆难民，77 岁

我们在学校，就是在南岸黄山底下那个山边上，看得见飞机临头。

南岸有个警官学校，空袭时他们躲在山边上。有一次警官学校的学员喊起来：“打到一架!”我们看见一架飞机往下坠，尾巴还在冒烟。飞机很快就栽下来了，栽到南岸“八夫子”下面。

1940 年 3 月，在重庆近郊被中国空军击落的日军侦察机

我们这些学生跑得快，跑到的时候，已经有一群人围着了。两个日本飞行员躺在地上，已经没气了。我们学生看了，拿起棍子，就唱“大刀向鬼子们的头上砍去”。从来没有这么出过气，就像是我们把他们打下来似的。这些学生围着，边唱边打。这架日本飞机据说是陈纳德的飞机打下来的。

采访地点：重庆市江北区溉澜溪船舶村

背景资料

向空军致敬

在这半个多月的敌机狂炸中，重庆的市民，经常在烈焰烟硝中过生活，敌人的烧夷弹虽然摧毁了部分同胞的房屋，化成了灰烬，但是烈焰燃烧不了广大市民对日寇愤怒的心。今天全重庆的市民无论男女老幼，大家没有一点沮丧，反而增加了兴奋的情绪和紧张的工作精神，这是由于什么？我们不得不感谢空中的英雄，他们的视死如归、奋勇杀敌的精神。因此，我们首先要特别代表重庆的市民、全国抗战的民众对英勇作战的空军将士致热烈的敬礼!

——《新华日报》1940 年 6 月 20 日

沈崇诲烈士（1911—1937）

沈崇诲，清华大学毕业，“九一八”事变后进入航校。1937 年 8 月 19 日，出击轰炸长江口外海的日本军舰，在白龙湾海面连人带机冲向敌舰，与敌兵舰同归于尽。

钱开节

当时，我们的高炮无论怎么打，都很难打到敌机，是什么原因呢？我去问过，我们当时的高炮买的是法国的，是第一次欧战他们淘汰下来的，最高只能打2 000公尺。而我们的战斗机，在300公尺之内才是有效射程，这很冒险。你要去打他的话，怎么个打法？飞机作战的时候，叫咬尾巴，就是到他的屁股后面打。一般的机枪都是前面多，所以飞机老是升高，到后面打。在天上就是靠升高、比速度。我们的飞机太少，火力也不及日本，而且他们的飞机速度比我们快，我们的飞机用的是苏联双座式的，不及日本。日本零式战斗机的速度约540公里每小时。

我们的飞机还是敢拼命、英勇，但是数量少，性能、武器不及日本，所以我目睹的两次机毁人亡都是我们的空军。

第一次是1939年5月3日，当时我在南岸弹子石读书。那天天气很晴朗，快到11点时，拉了空袭警报。20分钟过后，就拉了紧急警报。

不多久，二三十架飞机由南岸铜元局飞过来，到重庆朝天门码头上空，马上投了炸弹。我背后就是防空重地，高炮打得不得了。那时我们的飞机很少，我们的飞机最初是三架三架地在天上巡逻。有一架飞机，飞过了长江现在的寸滩，快到唐家沱那个地方，速度就慢了，赶不上前边的，可能是受了伤。很快，我就看见，在南岸弹子石上空，有两个圆圆的白色的东西。我觉得奇怪，以为是日本人发的传单。再定睛一看，是两个降落伞，是我们的空军战斗人员，接着看见日本飞机冲下来对着降落伞开火。降落伞被打燃，一个飞行员当场死亡，另一个腿断了，两个都掉在弹子石的大石坝上，我们跑去救。飞行员身上带的有小本子，上面有姓名，还有家人的情况、妻子的照片。我记得其中一个叫张哲，是东北空军。他们驾驶的是苏式双座飞机。我们把断腿的那个飞行员送到现在的五院，但他第二天也死了。

第二次是1940年我在长寿时的目睹，那一次敌机炸了重庆返航时，我们有架飞机追了上去，但是它中了弹。飞行员没跳伞，准备迫降。下面是一片麦地，旁边有条小河，那儿是长寿西门外长安桥，离长寿县城大概 30 华里。可是它没成功，飞机在那儿爆炸了，飞行员被炸成碎片，在麦地里一块一块的，就像腌肉一样。我跑去捡了他的一个本子，清楚地记得他叫邱秋，是江苏常熟人（后来了解到，他是航校的学生）。我对这个飞行员非常敬佩，当时他非常英勇，只身一架飞机向敌机群扑去。可惜，虽然敢拼命，但飞机、武器都不如日本，结果自己被打了下来。

采访地点：重庆市九龙坡区市党校

背景资料

从 1937 年 8 月 14 日高志航在上海笕桥上空首次击落日机到 1945 年 8 月 3 日八年抗战期间最后一名中国飞行员颜邦定为国捐躯，中国空军共出动各型号飞机 18 509 次，作战 4 027 次，击落日机 568 架，炸毁日机 699 架，炸毁日军航空母舰 1 艘、舰船 281 艘，摧毁码头 9 处，炸毁火药库 135 所、油库 87 所，炸毁若干军用列车、电台、营房等。

八年抗战，中国空军共损失各型号飞机 2 468 架，伤亡空军人员 4 668 人，其中飞行员 4 321 人。

附　录

下列55名中国飞行员和另外近200名飞行员分别来自神州各地，平均年龄25岁。70年前，他们为保卫陪都重庆壮烈牺牲，合葬于重庆南岸“空军坟”。“空军坟”1950年后被毁，多年来坟地荆棘丛生、满目萧疏、一片凄凉，所有遗骸、墓碑、坟茔荡然无存。谨以此简略的文字和模糊的照片献于数十年来无人祭奠的英烈灵前，献上后来者沉痛的忏悔和无限的悼念。

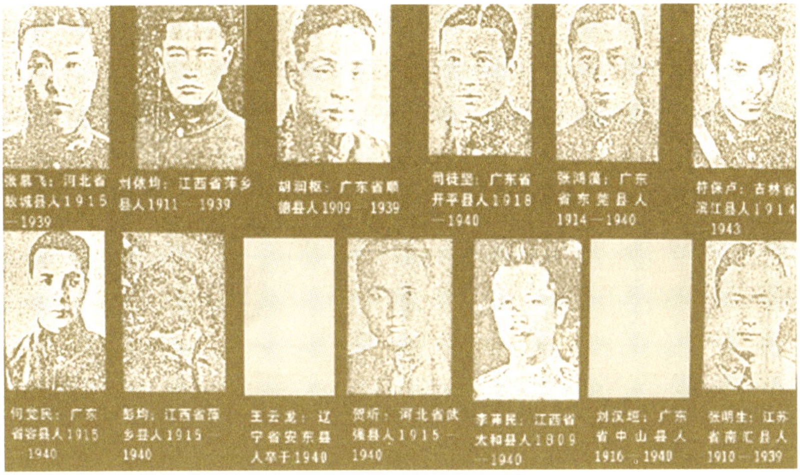

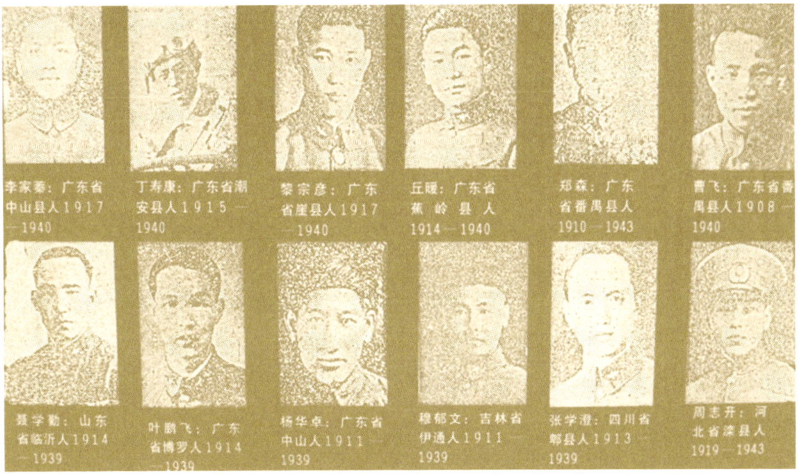

杨元丞：湖南省泸溪县人1914—1945

魏本立：四川省巴县人1921—1945

周诚勋：湖南省湘乡县人1916—1943

段克恢：湖南省益阳县1918—1943

赵凤岐：江苏省铜山县人1923—1944

张哲：濬阳市人1915—1939

苏任贵：广东省桂平县人1918—1943

吴积冲：浙江省平湖县人1911—1942

柳东辉：河北省唐山县人1914—1942

刘继昌：山东省泰安县人1911—1942

丁炎：浙江省杭县人1910年—1942

梁添成：福建省南安县人1913—1939

祝瑞瑜：广东省化人1916—1945

雷庭枝：广西省贵县人1917—1940

康宝忠：山东省淮县人1916—1940

余拔峰：广东省台山县人1913—1940

黄栋权：广东省新会县人1917—1940

陈少成：湖南省武冈县人1915—1940

程益顺：山东省夏津县人1916—1944

郑海澄：浙江省兰溪县人1916—1944

金有德：江苏省崇明县人1915—1940

刘润田：广东省东莞县人1913—1940

杨梦清：天津市人1914—1940

刘英役：安徽省怀宁县人1916—1940

吴埙：四川省乐至县人1915—1941

张祖骞：湖南省长沙市人1917—1943

杜兆华：广东省南海县人1916—1943

官招盛：山东省平度县人1917—1942

徐葆昀：河北省玉田县人1915—1943

李志强：湖北省沔阳县人1916—1939

敌机狂炸了重庆

“五五”那天各机关的公私汽车，甚至是蒋委员长、林森主席的汽车，都贴上了招贴——输送难民专车。各机关的公务人员，执着小旗伫立在街头，照料难民下乡。开始，虽有的人畏怯不前，但经过一番解释后，大家都井然有序地上车，疏散到乡下去。

沿途有许多机关、团体在各站设招待所，送茶、送粥，并免费医治疾病，新运总会、三民主义青年团、孩子剧团还有许多学校、工厂等都设立了茶粥站。新华日报也组织了两个服务队积极地参加这个工作，他们一面照料难民，一面进行抗敌宣传。每个人都在敌机狂炸下，改变了平时只关心自己不顾他人的传统习惯。当你踏进难民收容所时，一定可以听到下面的语句：

“你走累了，我帮你拿些东西，好吗?”

“你渴了吗? 我的热水壶里还有些水哩!”

在抗战烈火的锻炼下，我们同胞的团结，越凝结得巩固，敌人的狂炸，虽然使我们遭受损失，但绝不能摇撼我们抗战的决心。相反，它只有促进了政府与民众的团结，促进了军民合作，更坚定了全民族一致的敌忾同仇!

（摘自《群众》第二卷二十四、二十五期，1939 年 6 月 11 日）

重庆南山空军坟

国民政府为安葬和祭奠抗战中牺牲的空军烈士，特地在重庆南山放牛坪购买 200 余亩土地，修建陵园（当地人称“空军坟）。

陵园始建于 1938 年，是中国最大的埋葬和祭奠抗日空军英烈之地，共埋葬了重庆大轰炸、武汉保卫战、长沙会战、璧山空战等地牺牲的 242 名抗战空军英雄。

重修后的空军陵园

当年，陵园松柏掩映，墓地庄严肃穆，有警卫看守，每年为阵亡英烈举行隆重的祭奠仪式。

抗战胜利后，美国、苏联的飞行员遗骸迁走了，也有江苏、浙江等外地的飞行员迁走，最后剩下168位英雄仍留此地。当年，有完整的地图，标明每一位飞行员安葬的位置。

20世纪50年代初，由于政权交迭与众所周知的原因，“空军坟”遭荒弃。烈士陵园不断被挖掘、破坏。

墓石撬去盖猪场、棺木挖去做农具、条石搬去垒地基……“文革”时期，红卫兵等前来打砸。有人以为墓中有值钱陪葬物品，大规模挖毁烈士墓。（确实有人挖到部分烈士的随身首饰，有银元、金戒指、玉器……）

烈士尸骸四散，陵园毁灭殆尽。

1971年到1974年，我在重庆八十九中（位于南山）读书，我们男生宿舍所在的竹林湾，距“空军坟”只有一公里。我们课余常在那儿采蘑菇、玩耍。但整个高中时期，我都不知道我们无数次脚踏的土地下，曾埋有前辈英烈的忠骨！

多年后（2000年，抗战胜利55周年），当我在主编那期抗战陪都专集的杂志时，回想起高中时的那一幕，心中是深深的愧疚和一种难以言说的痛。

又多年后（2015年，抗战胜利70周年），当我对学生提到抗战陪都和重庆大轰炸时，绝大多数学生对此一无所知。

中华民族一段生死存亡的历史真相，被成功地抹得干干净净！

庆幸的是，在社会舆论的呼吁下，2008年，重庆政府终于拨款1 300万元重修“空军坟”。2010年，重修的“空军坟”正式开放。

修复后的墓园占地约30亩，但是，由于坟地屡遭破坏，许多重要信息已无从考证。不仅墓园最初的形状和布局、墓碑排序等无从考证，而且大部分英烈的名字已空缺。墓园现有的160余处英烈墓碑，有名有姓的仅50余人，而且信息错漏较多。

几十年后我才知道我生活过的地方有个“空军坟”（摄于2005年5月1日）

重修后“空军坟”里的雕塑

重立了碑石，缺失了姓名

阎海文烈士（1916—1937）

辽宁北镇人。“九一八”事变时加入空军，航校六期毕业。1937 年 8 月 17 日，在轰炸上海北四川路日军陆军司令部时，被日军高射炮击中。阎海文跳伞后落入敌阵，遭数十名日本士兵围捕并劝降。阎海文用飞行员佩带手枪击毙五名日军，之后用最后一颗子弹自杀殉国。

负伤殉国的翁心翰

埋葬在“空军坟”的飞行员翁心翰（曾参加璧山空战），1944 年牺牲时才 27 岁，刚结婚 7 个月。其父亲翁文灏是国民政府的经济部长、著名地质学家。

8 月 15 日抗战胜利那天，翁文灏赋诗纪念其儿，最后四句是：“秋风秋雨忆招魂，胜利反教流泪痕。南望一棺江岸畔，放牛坪上尚安存。”

抗战胜利后，翁心翰的遗骸迁葬南京紫金山北麓航空烈士墓。“文革”中坟墓被毁。

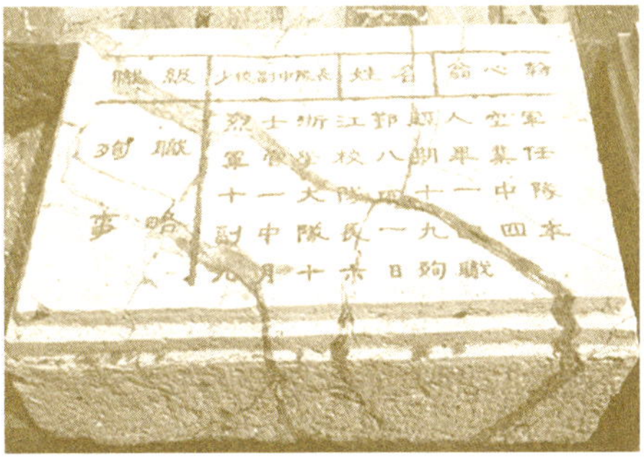

第十章 战时生活

抗战时在重庆的生活

抗战时的重庆，生存自然艰难，轰炸下的市民，生活肯定困苦。但是，在那甚至连生命都朝不保夕的岁月里，重庆的文化和教育却空前地繁荣。虽然受访者大多是当年生活在底层的民众，但我们还是能从他们的讲述中感受到这一点。

李佐元

我是荣昌街上人，父亲开馆子，亏本了，他跑到贵州去躲账。

我8岁多时就出来挣生活。我提个篮子，到赌场去卖粑粑。9岁多时，父亲回来了，推豆花卖。后来父亲到重庆拉板板车、拉黄包车。他写信来，要我们去。我和我妈由姨妈带路，走了3天来到重庆。一路上吃冒儿头和咸菜。我原来在荣昌读过一册书，到重庆后，亲戚介绍我到南岸读七册。我读书不行，没办法只好回来摆个小摊，卖水果、冰粉。后来帮爸爸推黄包车，干了几个月。

“五三”“五四”大轰炸，我和妹妹躲在石头缝，听见机关枪扫在石头上的叽叽声，我以为自己死了，隔了很久飞机飞走，我才发觉自己没死，也没受伤，喊妹妹，妹妹不答应，她骇昏过去了。

重庆当时有一个大资本家叫郑石均（做汽车生意），我大姑的一个女儿给他当小老婆。她看我们家太困难，就通过关系介绍我进了位于歌乐山的第一保育院。我是“五四”轰炸后的第二天上去的，当作孤儿。我进去后读高三。保育院有精诚班、团结班。我读的是团结班。但是，我读不了。

我们在保育院自己做衣服，发的布非常好，是美国货，我们叫“罗斯福布”（厚呢子）。做不来有保姆教，那时叫自力更生，样样都要做得来。

那一年圣诞节，宋氏三姐妹到保育院来看我们。先是大卡车，坐的士兵，全副武装，后面来了小车，还有外国人。讲话的大概意思是：带外国人来看你们，圣诞节给你们送礼物。每人送一包糖，印象最深的是里面有两块柿饼。宋美龄的语音带有外国音。外国人也讲了话，宋美龄当翻译。此外还放了电影，我记得很清楚，是《八百壮士》《白云故乡》。

我在保育院待了一年，毕业时可以保送我到育才学校读书。可我读书不行，不想进学校。我当时12岁，想去开汽车。大姑说，“开什么汽车，你还没有汽车轮子高，去学放电影”。

我想起《白云故乡》，觉得不错。于是，大姑把我安排进了国泰电影院。当时国泰是最好的电影院。我进去当学工一个月就拿40块！别人都不相信。

我最怕停电，一停电就得提水（冷却水），一场电影下来累得我汗水直往下掉。我在那儿做了一年多后到了升平电影院，在那里当实习放映员。

我不喜欢演话剧，因为一演话剧我就要搬扬声器，扬声器六七十斤重，要搬三层楼。

当时演的话剧有《重庆二十四小时》《面子问题》《屈原》等。《面子问题》讲的是一个大学生毕业后没工作做，穿的烂袜子放在西服包包里，他看书看得出神了，没吃的，一摸包包，把袜子掏出来，放进嘴里时才发现是袜子。这是我印象最深的场景。放的片子有苏联的《夜莺曲》《保卫察里津》《斯大林格勒保卫战》等等。每天晚上放晚电影大概到十一点，放完后我就睡在两个电影机中间。

电影票一般是2块5一张，话剧起码10块。前几排票价500块。明星胡蝶来唱歌，也是500块，她最多唱两首，她的衣服闪闪发光。当时演员虽然穿得漂亮，但都很能吃苦，不怕脏不怕累。

1943年，我跟老师到遂宁去放有声电影，离开了重庆。

当年汇聚重庆的明星们（图片来自张春新作：巨幅画卷《浩气长流》局部）

背景资料

国泰大戏院（电影院）

——抗日救亡的文化宣传高地

重庆国泰大戏院在抗战期间上演过94出话剧，是大后方抗日救亡话剧的演出阵地。

国泰大戏院揭幕于1937年2月8日。1937年10月，大戏院首演《卢沟桥之战》，当台上喊出“我们为全民族而战”时，台下无论官员、商人、军人、学生都齐声喊出“打倒日本帝国主义！”响声雷动。

重庆大轰炸期间，警报一响，国泰大戏院演出立即闭幕。空袭一过，演员和观众又回到剧场，战时演出从未长时间中断。

郁风（郁达夫侄女、当年流寓重庆的著名画家）：

那时候在陪都，几乎全国的精英都集中到那儿去了，有上海来的、广东来的，各沦陷区的人才都集中到那儿去了。所以，不管是搞美术活动，还是戏剧活动，都是第一流的。那时在重庆能看到第一流的演出。

1949 年前的国泰大戏院

李子云

14 岁那年，我从自贡来到重庆求生存，父亲当时在东水门挑水卖。

“五三”轰炸前，我在浙江人办的四明小学当勤杂工，学校用木头和泥土搭了一个防空壕。中央公园也有这么一个防空壕。“五三”“五四”轰炸时，中央公园那个防空壕挨了炸弹，躲在里面的人全都被炸死。我害怕了，就逃离了四明小学。

我同江竹筠（江姐）的妈妈合伙在观音岩开了家面馆，摆了五六张桌子。白天人们躲洞子，晚上人多，生意很好。但是，观音岩那一带炸得凶，人人怕死，请不到丘二（帮工），我白天夜晚累得要死。不久，我一个老表要到乡下去躲飞机，他把他的面店让给我。他的店有两张桌子。我也怕死，但我想结婚，得挣钱娶老婆，于是我就接过来做。每天晚上，生意都很好。可是只干了三天，面店就被炸了。旁边一家面店说，“你肯定是偷工减料才遭炸，我们开了这么久，好好的”。他说那话后只过了几天，他的店就被炸了。

大隧道惨案前几天，1941 年 6 月 1 号，我妈妈去世了。她眼睛看不见，跑防空洞不方便，成天心情紧张，她自己不想活了，借洗澡了断了性命。

在办丧事时，有人对我说：“李子云，你没钱，不如来个‘当灵拜堂’，借这个机会把婚事办了，省钱。”我一听，觉得是个办法，我已经说了户人家，她是乡下人，在江北王家场。我没有一件像样的衣服，一个油蜡铺的老板借了件衣服给我。我就穿这件借来的好衣服（没打补丁）拜了堂。

几天之后回门，新娘回娘家，我出了一场丑。娘家的人说，新娘不能走路，要骑马。我想，下力人几十里路骑啥子马哟。但农村人要讲排场，只好牵了匹马来。走拢后他们要我开钱，我一听又慌又气，我付不起马钱！我原以为是他们付钱。乡下人嘲笑我，说一个在城里干活的新郎官付不起几个骑马的钱。我的确付不起，当时恨不得地上有个洞钻进去。我甚至想一个人转身就往回走。那一幕我一辈子都忘不了。最后是我舅子给的钱。

这件事让我下决心一定要挣钱，挣大钱。于是婚后我去拉黄包车，从早到晚不要命地干。一根长钉子扎进我的脚，我舍不得用药，结果化了脓。没办法，只好停了车去打李子卖。我打了 30 斤李子摆在街上。由于我穿得太烂，像个叫花子，没人买我的李子。我摆在前面卖，人们到后面去买；摆到后面，顾客到前面买。我气得当街大吃李子，一口气吃了五六斤！

我第一个娃儿生下来就死了，妻子还没当母亲就去给人当奶妈。那段日子，是我最难最难的日子。好在妻子不嫌弃我，她跟我一起，拼命支撑这个家。

后来，我进了杜月笙在重庆开的一个俱乐部——恒社，我在里面当勤杂工，专门送信。我拉过黄包车，路熟。几个月后，别人介绍我进了设在民生路 49 号的中华实业信托公司，也是杜月笙办的，我还跑送信。进公司后，我的日子就好过了，工资高。我在那儿一直干到抗战胜利，之后公司就解散了。

采访地点：重庆市渝中区望龙门白象街

张绍奎

81 岁

我是南充农村人，9 岁到南充城里来帮别人带小孩，我妈妈也在南充城里帮人带娃娃。后来主人迁往重庆，我妈也跟随来到重庆。以前在乡下时，爸爸是做钱纸的，到重庆后拉黄包车维生。

我没到重庆，被一个军阀拉去带娃娃，在成都待了一段时间。14 岁那年，听说父母在重庆，我就到重庆来了，在女子职工学校开的门市学打衣服，打了一两年。那时我父亲在国泰电影院老板家里做厨师，我常在国泰电影院玩耍，父亲给老板说，让我去学放电影。于是，1937 年我进了国泰电影院，干了大概四年。

国泰不仅放电影，还要演剧，专门有一个话剧团——影人剧团，里面有张瑞芳等著名演员。最有名的演员胡蝶经常来演出、唱歌。她穿得非常华贵，她一出场，观众很热烈，她的票价也很贵。演话剧时，我打灯光，有一次我把灯光打在胡蝶的脸上，被老师李敦厚打了两耳光。

无论是放电影还是演剧，看的人都很多，票价也不便宜，每一部新片都客满。我们放《出水芙蓉》和华纳公司、米高梅公司等外国公司出的影片，主要是美国片。票价比其他电影院贵。

国泰电影院被炸了三次，一拉空袭警报我们就跑，电影就不演了，观众没看完，既不退票也不补放。国泰总共有五层，被炸了三层楼，没走的人躲在地下室，地下室没被炸垮。最初我也躲地下室，后来炸得凶了我才跑防空洞。

我也上台演出，演那种不说话的群众角色。话剧的票比较贵，前几排坐的都是达官贵人，那几排位子不是好坐的，坐在那儿的人要捐钱。后来越炸越凶，我就离开重庆，到遂宁、合川、乐山等县去放电影了。

背景资料

雾季公演

“雾季”指重庆每年 10 月至次年 4 月。在此期间，重庆经常大雾弥漫，形成了阻挡日军轰炸的天然屏障。雾季公演，就是在这段时间里开展的一系列爱国题材话剧公演活动。

那几年，陪都群星汇聚，各社团佳作纷呈，每年都有几十出话剧搬上舞台。重庆人看话剧成为时尚，排队购票屡见不鲜。雾季公演不仅丰富了重庆市民的生活，而且对凝聚民族精神、增强抗战斗志起了积极的作用。就艺术本身来说，那几年从编剧、导演到表演，都取得了长足的进步和很高的成就。

雾季公演，一直持续到1945年。

当年汇聚重庆的明星们

黄 荆

女，80岁

那时我在大生百货商店当徒弟，学画广告，那个地点就在现在的解放碑美术公司。我同电影明星张瑞芳很要好，我们一起照了许多相。她的第一任丈夫余克稷是电力公司工程师，也是怒吼剧社的发起人。我后来也参加了怒吼剧社。怒吼剧社的会徽就是我画的。我不是话剧演员，只在中国电影制片厂搞美术。在怒吼剧社时，我打前站，在演街头剧的时候，我写抗日标语。那时，有名的艺人我全熟悉，包括赵丹、白杨、舒绣文我都熟，因为他们就在我隔壁。我同吴光祖、洪深也都认识，但并无交往。

在重庆，我也遇到过一些大人物。郭沫若是第三厅厅长，曾经和我在同一个防空洞躲避轰炸，我知道他的身份，但没说过话。周恩来出来接见了重庆艺人，接见最多的是郭沫若。在国泰电影院上演《全民总动员》时，张道涵还出过场。

宋氏三姐妹视察灾区时，我们在解放碑相遇，她们同老百姓在一起，老百姓为她们鼓掌。

对了，我还遇见过蒋介石。那次跑警报，我从海棠溪过渡到南岸黄桷垭，蒋介石从南山下来，车子在半山上被炸了，但他人没受伤，还若无其事地坐在树底下看报纸。我与他对视过，被警卫赶开了。他穿了一件黑斗篷，据说是防弹的。

重庆被炸死的人很多，除了南京大屠杀，死得最惨的要数重庆。那时，老朋友见面的问候语就是："吔，你还在呀？你还没死啊？"

但是，重庆这个城市坡坡坎坎，随便你怎样炸也炸不平、炸不垮。虽然死伤惨重，但精神没垮，我的亲戚都没被炸垮。重庆立了个精神堡垒，它起了很大的作用。重庆人有自豪感，随便哪个都炸不垮。

（黄荆女士由王康先生于2002年1月18日采访）

方丈大果

重庆罗汉寺主持

我是云阳人，到重庆来读书全是走路，没钱过河的时候，就把裤子脱了顶在头上，游水过去。那个时候我是18岁的小伙子，在北碚读书，星期天到重庆买书，全是步行，走一天路，到天黑才走到重庆。我们和尚没有钱，贫僧贫僧，是真正的贫僧，买草鞋都没有钱，都是打着光脚走。六月的太阳那么大，烫脚，烫得跳，照样跑。在中专读书的时候，我们用的纸还不如现在的手纸，黑乎乎的。

四川的壮丁去前线抗战，都在重庆上洋船，洋船就是现在的大船。壮丁来了以后，所有寺庙都住满了，庙外的郊区都住满了，在河边上等候上船。应该上船走的，都在朝天门积压起来，两边河坝里睡得到处都是人。有些病倒的非常凄惨。

扛大包的搬运工人非常辛苦，六七百斤的棉纱驮，一个人扛上来，一步一步地爬台阶。

贫穷的人，只能一天一天地买米。极度贫困的市民，是一顿一顿地买。用筒子买一角米，就像听筒那样的筒，十角为一升。一家人再买点红薯，三四个人吃，吃了再想办法找钱，找了钱再买下一顿的米，贫困到那种程度。

谭清云

72 岁

我在湖北当过兵、扛过枪，回来就跟一个叫张新元的团长当炊事员，驻在浮图关，后来我离开军队去做小菜生意。

我只身一人，搭个三角形的棚棚，地下铺谷草，就在那儿睡。大年初一就遇到“打花姑娘架”，在我门口打。我上去把东西给他扔了，就开打，这一架打出名了，那些人就捧我，说那个人打过日本人，不怕死。这么一搞，我就踏入了社会，大家就来找我了。

那时，菜市不收税，做菜生意不收地摊费，只是有个太阳会，过太阳会那天你担菜来，愿意出钱就出一角钱两角钱，不出钱就拿把菜，坐席来吃。后来我当了菜市工会主席，就我一个人，算是个头儿了，但凡小事就到我手头来，过过我手，就没什么事了。

菜市里下江人多，担挑挑的、卖橘子的，样样都是下江人。菜价很稳定，那阵子不兴称，这一堆菜一角钱，要就拿给你；白菜这么大一个的，一角钱一个；红萝卜两三分钱一斤；姜也是几分钱一斤。菜价波动是后来兴金银券的时候。

在农村收的菜装到船上，农民推下来就来找我。吃住在我这儿，我抽佣钱，抽 10%，卖 100 块钱我抽 10 块钱。那个时候菜市热闹得很，大家都到这儿来批发菜，新中国成立之后，就没有船推菜来了，集体化后农民就不做了。

菜生意冬天好做，热天不好做。还有，就怕飞机来轰炸。天黑了我们就炕点饼子，买点干粮，也拿到防空洞里去卖。洞子里流水，你靠着我，我靠着你，出来一身都湿了。那时生活很苦，成天找吃的，常常就买一点点菜，煮点稀饭吃。我们买米，一斤半斤的，用衣服兜着。衣服是补巴又补巴，肚子都在外头。我们穿草鞋，穿麻绳草鞋。打光脚的也有，我们街上有两个“铁脚板”，有一个 80 多岁了，还在拉煤炭，光着脚在煤炭渣子上拉着走。那个时候困难，我们都挑溪沟里的水吃，不过那时溪沟水干净，不像现在这么臭。电灯虽然有但都不太亮，大多点蜡烛，天黑了要睡觉，才去点一下。

日子本来就很艰难了，还要挨轰炸，像我老汉那边，丢个燃烧弹，把我们屋一下都烧了，样样都烧光了，一无所有。

采访地点：重庆市北碚区歇马镇大磨滩三口碑

余亚村

90 岁

我是巴县乡下人，家里有几亩地，但是人多不够吃。1934 年我跟叔爷余近宣来到重庆，在千厮门摆摊赊些货做油蜡生意。

1938 年开始轰炸，城里人跑的跑走的走，生意一落千丈，入不敷出。母亲又经常从乡下来要钱，我们夫妻俩经常为钱争吵。在一次吵架后，妻子喝镪水死了，当时我有四个娃娃，乡下两个，城里两个（老三、老四）。城里的两个娃娃大的一岁多，小的才几个月。我只得把两个娃儿送给住在市中区神仙洞的一个同姓的姐姐（是老家邻居），她男人是做包席馆的大师傅。我只身一人来到临江门对面的义诚米店帮人卖米。卖一担米得一角钱，一天能卖十几担，能挣一块多钱。

父亲生了病，要花钱，我到另一家米商汤玉池那儿去做事。汤玉池是个大米商，到处都有米场。他叫我给他当丘二（帮工），在店里吃住。我跑去川北、遂宁、潼南、铜梁这一带收米。我虽然穷，但从不乱动老板一分钱。我们买米拿回来卖，那时做生意讲信誉，拿兑票，不一定要现金。我在外面跑时，听说我交给同姓姐姐的那两个娃娃死了，他们估计有三岁多了，但有人又说没死，是同姓姐姐把他们送了人。姐夫死了，同姓姐姐也没办法。我自己当时很艰难，天天找活干，没办法管娃儿。直到现在，我都不晓得那两个娃儿的下落。

后来，米店老板不经商了，把我们丢下了。我只得到大阳沟摆了个米摊维持生活。1945 年我又结了婚，生了两个娃儿。由于生活差，女人没有奶，小女儿托给一个奶妈照看。我们没钱付给她，她一直不把女儿还给我们，我女人天天去看，十分心酸。直到解放后减租退押，我们退了 100 多块钱，才把女儿领回来。

采访地点：重庆市党校

赵幼庚

81 岁

那时我父亲在亚细亚石油公司工作，工资还不错，一个月有 100 多个银元，不仅能养活一家，每个月还有点积蓄。他一点一点地存钱，后来就用这个钱来建房子。他在现在的市人民政府旁边买了一亩多地，修了一栋楼，叫长三间，前后有 12 间房子。我们一家都在那儿住，多的就租给人家。除了房子以外，周围还有花园，我祖父喜欢养花。我们在那个地方住了好几年。

大轰炸时我在读中学，那天警报解除后，我赶紧回家，看家里是不是平安。走到路上，碰上亲戚，他说你赶快回去，帮帮你家。我赶回家一看，房子炸平了，半间屋子都没剩，到处是砖头瓦块！

我们全家的财产就是这栋房子，转眼间就完了！父亲若不修房子还好一些，还有一些积蓄。那天晚上全家很凄惨。我看到这个情况，就回学校去了，不知道父母他们在哪儿过的夜。我下决心，非努力不可，将来有能力，要把日本鬼子斩尽杀绝，他们欠中国的血债太多了！

我们搬到乡下，现在的江北县大竹林，我一个大姐和姐夫在那儿。他们的房子比较宽，有田、有地。我的祖父很喜欢画画。祖母、祖父七十多岁了，不能跟我们在一起，两个老人在乡间，没有人跟他们说话，心里又怄气，不久都死在乡下了。我对祖母的感情特别深，我小时候，她经常鼓励我立志。

不久，一些英国、美国的石油公司撤走了，我父亲失了业，他在这个公司已经工作了十多年。这一失业，就影响到我们全家，他只得到处打零工。我母亲一个人养育子女，生活很困难。

我高中毕业，考上了重庆市邮政储蓄，就是既搞邮政，又搞储蓄。可我还是想继续读书。于是我去报考了求精商业专业学校。学校是从外地迁来的，好多老师拖儿带女，很辛苦。我很佩服他们，不愿意做日本人的顺民，千辛万苦到国民政府陪都来了。学校还有好多上海名教授。我们副校长叫罗子孺，是美国哈佛大学毕业的经济学博士。他认识很多教育界的人，美国很多有名的教授他也认识。他帮学校招来好的教授。有个金融学家叫杨一甫，罗校长把他拉到学校来当系主任。学校有三个系：会计系、工商管理系、银行系。我学的是会计。那些好老师对我们帮助很大，我从他们身上得益不少。

学校有防空洞，轰炸时学生都进洞。那一次我睡着了，日本飞机轰轰的声音把我震醒。我起来一看，没人了，我想完了，就挨着墙走。还没有离开宿舍，日本人的飞机就下来了，我不敢跑，一跑，机关枪就要扫射。我只得在靠墙的地方躲着。我有一个同学，他读复旦大学，就是没及时跑，躲在床下面，日本人用机关枪扫射，恰好把他打死了。

家里被炸和父亲失业后，我生活很困难，连吃碗面的钱都没有。那时电影票很便宜，但我三年都没看过电影。在最绝望的时候，我不想活了。好几次，我一个人在晚上走到岩边，想从岩上跳下去。可我最终战胜了绝望。虽然困难，但我要战胜它，还得努力，做一个对社会有用的人，为人民、国家出一点力。我抱着这个愿望，继续努力活下去。

读书的时候，我还需要交学费、杂费、伙食费。我向学校提出，家里贫困，是不是能免费。学校很快就同意了。第一年，我德、智、体都是第一名。那时教育部规定，大专院校每一年都要报一个学生到教育部去获颁奖状。学校报了我，连着两三年，都是报的我。我们属于大专院校，本来专科学校两年，教育部允许我们成立三年制的专科学校，这是比较特殊的，所以我读了三年。我妹妹没办法去别的学校，我跟学校反映、请求，他们同意她入学，而且不交杂费、学费。妹妹毕业后嫁到香港，后来又到台湾去了。我三年读完后，为了报答学校，就在学校担任助教的工作。

日本投降时，大家都欢天喜地地狂欢、放鞭炮！

外省来的老师，都想回家了。机关单位要还都南京，我就随着他们到上海工作了几年。

采访地点：重庆市江北区洋河花园

复旦大学旧址登辉堂（邓平摄）

附 录

徘徊残存的遗址前，遥想当年星汉灿烂。民族生死关头，陪都群英汇聚，慷慨悲歌、决胜千里。倏忽一阵秋风吹过，黄鹤远逝，空楼残留……

蒋介石官邸

沈钧儒旧居

白崇禧旧居

晏阳初旧居

冯玉祥旧居

刘湘旧居

马歇尔旧居

宋子文旧居

李宗仁官邸

尾　声　胜　利

在重庆的盟军人员加入庆祝胜利的游行队伍

日本战俘收听天皇宣布无条件投降

经历苦难，
终于争来了这一天。
在胜利的狂喜里，
遥祭那些为国捐躯的勇士
和不幸遇难的同胞。

抗战胜利纪功碑

抗战胜利后，国民政府在原来“精神堡垒”的旧址基础上，修建了宏伟的抗战胜利纪功碑。在碑体里，刻有1943年美国总统罗斯福书赠给重庆市民的卷轴的中文译文。在纪念碑壁上，埋藏有一个纪念钢管，内有抗战期间重庆的照片、胶片、钞票、邮票、图片、文献、报刊等纪念品，留给后人，作为当年陪都抗战的历史见证。

抗战胜利纪功碑碑文

古人有言，国于天地，必有兴立，重庆之所以无忝为陪都，不仍以其地理形势使然，亦经种卓越精神有以副之也……后世史象，循流溯源，深究中国复兴之故，将知重庆之于国家，实不止于八年战时之卖献效已也。

——国民政府主席重庆行辕兼代主任张群

注：1950年10月，原碑文被清除，一些珍贵文物被销毁。“抗战胜利纪功碑”被改为“人民解放纪念碑”，简称“解放碑”。

罗斯福总统所赠书卷颂词

我谨以美国人民的名义，向重庆市赠送这一书卷，以表达我们对英勇的重庆市男女老幼的赞美之情。

在空袭的恐怖中，甚至在这种恐怖尚未为全世界所知悉的日子里，重庆市及其人民一直表现出沉着和不可征服的气概。你们的这种表现，自豪地证明了恐怖手段决不能摧折决心为自由战斗的人民的意志。你们对自由事业的忠贞不渝，必将激起未来一代又一代人的勇气。